AUXILIA

Unterrichtshilfen für den Lateinlehrer

Otto Schönberger

Von Catull bis zu den Carmina Burana

Interpretationen poetischer Texte

C. C. Buchners Verlag · Bamberg

AUXILIA
Unterrichtshilfen für den Lateinlehrer
Herausgegeben von Dr. Friedrich Maier
Oberstudiendirektor für Didaktik der Alten Sprachen
an der Universität München

Der Band „Von Catull bis zu den Carmina Burana“ wurde verfaßt von Dr. Otto Schönberger, Gerbrunn.

ISBN 3 7661 **5415** X
1. Auflage 1 3 2 1 1990 89 88 87

Gesamtherstellung:
Graph. Großbetrieb Friedrich Pustet, Regensburg

1. Catull

Zwei Gedichte (c. 50 und c. 70)

Die Lektüre von Gedichten Catulls ist in Lehrplänen und in der didaktischen Theorie gut verankert.[1] Häufig liegt hier und wohl auch in der Praxis der Nachdruck auf den Liebesgedichten, doch soll der Schüler auch den bewußt und sorgsam gestaltenden Künstler, den Neoteriker Catull, kennenlernen.[2] Dazu ist das c. 50 gut geeignet, doch müssen hier schon vor der Lektüre wichtige Voraussetzungen geklärt sein.

1.1 Literaturgeschichtliche Voraussetzungen

Im hellenistischen Alexandreia gab es eine reiche literarische Tätigkeit, die sich inhaltlich und formal von der klassischen griechischen Dichtung gelöst hatte, dichterische Kleinkunst für persönliches Erleben in geschliffener und ausgefeilter Form. Der führende Dichter war Kallimachos. Die Dichtergruppe in Rom, die für die Römer die ästhetischen Reize der hellenistischen Dichtung, ihr geistreiches und formvollendetes Spiel, entdeckte und diese Poesie ins Lateinische einzuführen suchte, waren die sogenannten Neoteriker oder *poetae novi*.[3]

---

1 GLÜCKLICH, H. J.: Catulls Gedichte im Unterricht. – Göttingen 1980 (zitiert: GLÜCKLICH, Unterricht), 7f., nennt Lernziele; GELDNER, H.: Catullus elegantissimus poeta. In: Anregung 28 (1982), 239–248 (hier: 239) will c. 50 lesen; vgl. auch MEUSEL, H.: Catull-Gedichte im Unterricht. In: Impulse (hrsg. v. KREFELD, H.). – Frankfurt 1979, 44–68. Neuerdings OFFERMANN, H.: Catull-Martial. Dichtung im Vergleich. In: Anregung 32 (1986), 226–236 und 316–325.

2 Dies umso mehr, als es heute dringend notwendig ist, den Schülern ein Gefühl für literarische Formkunst zu vermitteln.

3 Vgl. SNELL, B.: Neun Tage Latein. – Göttingen 1955, 19.

1.1.1 *Die „Neuen Dichter" in Rom*

Die *poetae novi* waren ein Kreis intelligenter und lebensfroher junger Männer, die das altrömische Staatsideal ablehnten und sich provokatorisch nur ihrem freundschaftlichen Verkehr und ihren literarischen Neigungen widmeten; sie führten im Zeitalter der Revolution eine Revolte in der römischen Dichtung herbei.[4] Sie bauten eine Wunschwelt auf, aus der Roheit und Ungeschmack verbannt sein und in der das Erlebnis von Jugend, Freundschaft, Dichtkunst und *otium* Ausdruck finden sollte.[5] Besonders die Freundschaft wird ein Lebensinhalt und ist Anlaß manchen Gedichts.[6] Gemeinsam wird das *otium,* der staatsfreie Raum für Liebe, Freundschaft und Poesie, verbracht.[7] Hier bereitet sich die private Welt der augusteischen Elegiker vor. Allerdings haben sich manche Neoteriker auch mit Politik beschäftigt.

Die *poetae novi* entdeckten für die Dichtung auch programmatisch die Anmut und den Zauber des Geistes, der ihnen auch in der Form erlesener und entlegener Gelehrsamkeit entgegentrat und den sie in ihre Gedichte aufnahmen (*poetae docti*). Zudem wollten sie mondän und witzig sein. Catull fühlt sich zu Licinius durch dessen Gedichte und die Anmut seines Geistes hingezogen, im Austausch spritziger Billets und der künstlerischen Verdichtung von Erlebnissen.[8] Die Schlüsselworte solcher Dichtung lauten *lepidus, facetus, doctus, urbanus, venu-*

---

4 WEINREICH, O.: Catull, Liebesgedichte und sonstige Dichtungen, lateinisch und deutsch. – Hamburg o. J., 148; vgl. auch HARRINGTON, K. P.: Catullus and his Influence. – New York 1963, 21: Metropolitan life . . . no fixed occupation . . . no responsibility for the use of . . . time to anybody.

5 Vgl. KNOCHE, U.: Erlebnis und dichterischer Ausdruck in der lateinischen Poesie. In: Gymnasium 65 (1958), 153.

6 GELDNER (vgl. Anm. 1) 239, betont das Zugehörigkeitsgefühl zu einer Gruppe; zur Geselligkeit vgl. HEINE, R.: Catull. Auswahl aus den Carmina. – Frankfurt 1970 (zitiert: HEINE, Auswahl), 64.

7 Catull freilich wußte, daß dieses *otium* kein leichter Besitz war; vgl. die *otium*-Strophe von c. 51. – Vgl. auch SYNDIKUS, H. P., Catull und die Politik. – In: Gymnasium 93, 1986, 34–47.

8 Vgl. BÜCHNER, K.: Die römische Lyrik. – Stuttgart 1976, 21 (zu c. 50); s. auch BURCKHARDT, F./REISER, K.: Poesie als Sprach- und Lebensform. – Frankfurt 1977.

stus, formosus.[9] Zum Genuß dieser Dichtung, die im *otium* entsteht, das *otium* zum Gegenstand hat, gehört das *otium* des Genießenden.[10] H. WAGENVOORT hat das Wesen dieses *ludus poeticus* gut dargestellt und das Erfordernis des *otium* neben dem jugendlichen Spielcharakter der Dichtung hervorgehoben.[11] Der *poeta novus* kultiviert mit höchster Hingabe die Form; sein Gedicht soll gefeilt und geschliffen sein und einen poetischen Diamanten darstellen. Spiel in den verschiedensten metrischen Formen (Polymetrie) soll der Abwechslung und der künstlerischen Formung dienen.

1.1.2 *Catulls Freund C. Licinius Calvus*

C. Licinius Calvus (82–47 v. Chr.) war der führende Redner der damaligen Jungattiker und stand als Dichter Catull nahe, der ihn als den wichtigsten seiner Freunde ansah, obschon Licinius fünf Jahre jünger war. An keinen der Freunde wendet sich Catull so oft wie an ihn.[12] RIBBECK spricht von „schlagender künstlerischer Geistesverwandtschaft“ zwischen beiden.[13]

1.2 **Erstes Beispiel: Carmen 50**

1.2.1 *Grundcharakter von c. 50*

Besonders schwer ist es, den Grundcharakter von c. 50 zu erkennen; er ist demgemäß umstritten. Fest steht, daß es kein

9 Vgl. PUCCI, P.: Il carme 50 di Catullo. In: Maia 13 (1961), 249–256 (hier 251); PUCCI vergleicht den Bruch der Neoteriker mit Altrom mit dem Bruch des Archilochos mit dem homerisch-heroischen Heldenideal.

10 KNOCHE (vgl. Anm. 5), 156.

11 WAGENVOORT, H.: Ludus poeticus. In: Studies in Roman Literature, Culture and Religion. – Leiden 1956, 30–42; zum *ludus* gehört das *carmen argutum et breve;* damit ist *nugae* synonym.

12 Licinius schrieb ein Epyllion „Io“, ein Hochzeitslied und ein Epikedion auf seine Frau.

13 RIBBECK, O.: Geschichte der römischen Dichtung, 1. Band. – Stuttgart 1887, 314. – Catull spricht Licinius in c. 14 und 53 an und widmet ihm c. 50. – FRAENKEL, E.: Catulls Trostgedicht für Calvus. In: Wiener Studien 69 (1956), 278–288, spricht 280f. über Catulls Zuneigung für Calvus.

Privatbrief ist[14], sondern ein Gedicht, ein poetischer Brief; das Gedicht war von Anfang an nicht nur für Calvus bestimmt, sondern ebenso für alle Leser, wie Vers 1–6 beweisen.[15] Es ist ein poetischer Brief, der mit entzückender Frische Catulls Empfindungen ausspricht[16], Ausdruck inneren Erlebens. Zugleich ist der Brief ein poetisches Meisterstück, ein Beispiel für die neue Art der Dichtung.
Man sprach auch von „Gelegenheitsgedicht" oder „Erlebnisgedicht" und nahm die Verse zugleich als Zeugnis für ihre rasche, spontane Entstehung, wobei man „gestern" in v. 1 ernst nahm.[17] Quinn meinte, es müsse „in einer Stunde oder so" geschrieben sein[18]; die Neoteriker hoben gern ihre Fähigkeit zur Improvisation hervor.[19] Calvus soll den Brief am Morgen erhalten.[20] Hier zeigt sich wieder die bekannte Doppelnatur catullischer Gedichte, die lebendige Leidenschaft und bewußte künstlerische Formung in sich vereinen. Dieses „spontane" Gedicht ist mit Sorgfalt für die Publikation vorbereitet[21], ist spontan und elaboriert zugleich.

1.2.2 *Die Bedeutung von „Liebe" in c. 50*

Man ließ sich auch verleiten, aus Catulls Begeisterung für Calvus ein homosexuelles Verhältnis abzuleiten, völlig blind für die Unbefangenheit und Laune in Catulls Worten. Eine

---

14 Scott, W. C.: Catullus and Calvus. In: Classical Philology 64 (1969), 169–173 (hier 172).

15 Fraenkel (vgl. Anm. 13), 282.

16 C. Valerius Catullus, hrsg. und erklärt von Kroll, W. – Berlin 1923 zu c. 50. – Wichtig auch Syndikus, H. P.: Catull. – Darmstadt 1984, 250 zum Spielcharakter des Gedichtes.

17 Knoche (vgl. Anm. 5) 154, 13. – Zum poetischen Brief in c. 50 vgl. auch Kroll, W.: Studien zum Verständnis der römischen Literatur. – Stuttgart 1924, 231.

18 Quinn, K.: The Catullan Revolution. – Melbourne 1959 (zitiert: Quinn, Revolution), 31.

19 Williams, G.: Tradition and Originality in Roman Poetry. – Oxford 1968, 404.

20 Fraenkel (vgl. Anm. 13), 282.

21 Catullus. The Poems, ed. with Introduction and Commentary, 2. Aufl., von Quinn, K.: London 1973, zu c. 50.

unvoreingenommene Betrachtung der Verse läßt eine solche Auffassung nicht zu, die etwa auf dem gleichen Niveau steht wie die sexuelle Auffassung harmloser Sprachspiele in Mozarts Bäschenbriefen durch Freudianer.[22]
Andererseits ist nicht abzustreiten, daß Catulls Gedicht Wendungen aufweist, die RIBBECK zu dem Ausdruck „Liebeserklärung" veranlaßten.[23] Catull ist jung und temperamentvoll, auch zu Scherz und Übermut aufgelegt, und dies führt zu einer gewissen Übersteigerung in der Sprache.[24] Das geeignete Wortmaterial bietet ihm die Sprache der Liebe, z. B. in der Komödie[25], und so ruft sein Gedicht, vermutlich bewußt, den Eindruck eines „Liebesbriefes" hervor, während es ein geistiges, seelisches und künstlerisches Entzücken malt, das so stark wie ein Sinnenerlebnis ist.[26] BUCHHEIT tadelt mit Recht, daß man sich von der „vordergründigen Sprachebene täuschen" ließ.[27] Diese Sprache sei ambivalent und bezeichne Liebesleidenschaft ebenso wie leidenschaftliche Liebe zum Schönen. Inwieweit man hier Platon heranziehen darf, dessen Theorie von der Mania des Dichters und Liebhabers geistiger Schönheit für Catull den Hintergrund seines *furor* bilde, bleibt mir fraglich.[28]

---

22 WITTKE, CH.: Enarratio Catulliana, Carm. L u. a. – Leiden 1968, 6 (or he may share a homosexual passion); GELDNER (vgl. Anm. 1), 243 *delicatus* bedeute „wählerisch und homosexuell lustvoll"; auch fand man einen „erotischen Zusammenhang" in *iucunde* („Wohltuender"). Wörter stehen in einem sinnbestimmenden Kontext, den es zu beachten gilt.

23 RIBBECK (vgl. Anm. 13), 326.

24 SEGAL, CH.: Catullan otiosi: The Lover and the Poet. In: Greece and Rome 17 (1970), 25–31 (hier 27): für Catull besitze das Leben in der Kunst eine Intensität, die an das „Leben in Leidenschaft" streife.

25 PUCCI (vgl. Anm. 9), 252.

26 QUINN, Revolution (vgl. Anm. 18), 56.

27 BUCHHEIT, V.: Catull c. 50 als Programm und Bekenntnis. In: Rheinisches Museum 119 (1976), 162–180 (hier 170f.). BUCHHEIT sagt, man müsse hier den Kontext „Dichtung" zum Ausgangspunkt der Auffassung von Wortbedeutungen nehmen.

28 BUCHHEIT (vgl. Anm. 27), 172, vergleicht Cicero, de oratore 2, 194 *inflammatione animorum . . . adflatu quasi furoris;* er erinnert auch (174) an Platon, Phaidros 251 A und DE; 259 BC. – GLÜCKLICH (vgl. Anm. 1), 54, führt diese platonischen Assoziationen sehr gut aus.

Die einfache Erklärung ist, daß Catull durch Persönlichkeit, Geist und Kunst des Calvus in helle Begeisterung versetzt wurde und seinen Zustand und seine Zuneigung in feuriger Sprache schildert, wobei er sowohl Elemente der Liebessprache wie der philosophischen Enthusiasmustheorie in der ihm auch sonst eigenen Weise verwendet und überhöht.[29]

1.2.3 *c. 50 als neoterisches Manifest*

Catulls Gedicht 50 ist, wie man richtig sagte[30], das literarische Manifest der Neoteriker und zugleich das Mustergedicht für ihre Richtung. Das Publikum soll Lebensweise, Freundschaft und Dichtung dieser Gruppe der *poetae novi et docti* kennenlernen und dabei sehen, wie ernst es Catull mit diesen Scherzen ist.

Die Lebensauffassung der Neoteriker ist in Ausdrücken geschildert, die als Negationen des traditionellen römischen Lebens gelten mußten[31]; zugleich entwickelt Catull den Anspruch auf eine eigene Lebensform. Für ihn tritt anstelle des *negotium* die leidenschaftliche Teilnahme an der Dichtung.[32] Die Freundschaft stand in Rom hoch in Ehren, doch bildet Catulls Gedicht einen ganz unkonventionellen, ursprünglichen Ausdruck innerer Verbundenheit mit Calvus. R. Reitzenstein spricht von einer *propositio amicitiae* in c. 50, bei der dem leidenschaftlichen Jüngling die *amicitia* als *amor* erscheint.[33] Er will ja auch seine Sehnsucht nach Calvus darstellen (17 *dolorem*).

29 Vgl. z. B. den überhöhten Ausdruck in 109, 6 *sanctae foedus amicitiae.*

30 Pucci (vgl. Anm. 9), 249.

31 Buchheit (vgl. Anm. 27), 170; vgl. Pucci (vgl. Anm. 9), 256: „visione anticonformistica".

32 Buchheit (vgl. Anm. 27), 165.

33 Reitzenstein, R.: Das foedus in der römischen Erotik. In: Heine, R. (Hrsg.): Catull. – Darmstadt 1975 (WdF), 166.

Auch die Dichtung erscheint als Erzeugnis freien Spielens (*ludere, nugari*). Die Eigenschaften, durch die Catull seine *nugae* empfiehlt, sind die Darstellung geselliger Muße ebenso wie die formal-ästhetischen Vorzüge[34], dazu Geist, Witz, Charme.[35]

1.2.4 *Der Aufbau von c. 50*

Das Gedicht ist steigernd aufgebaut in drei länger werdenden Teilen (1–6 = 6 Verse; 7–13 = 7 Verse; 14–21 = 8 Verse).In v. 1–6 ist das Zusammensein mit Calvus geschildert, v. 7–13 die Sehnsucht nach diesem, v. 14–21 bilden die Bitte um ein neues Treffen[36] in zwei Teilen (v. 14–17; v. 18–21). Der zweite Teil ist mit *atque* (v. 7), der dritte mit *at* (v. 14; vgl. auch *nunc* v. 18) eingeleitet.[37] Im ersten Teil herrscht mehr Heiterkeit (v. 1–6); in v. 7–21 wechselt der Ton merklich.[38] v. 1–6 sind auch grammatisch einfach, v. 7–21 neigen mehr zur Unterordnung. „Anfang und Ende stellen für das catullische Gedicht einen betonten Ausgangs- bzw. Schlußpunkt dar. Emotionale Spontaneität und Beweglichkeit herrschen.“[39]

---

34 Knoche (vgl. Anm. 5), 156.

35 Cicero ad Atticum 9, 10, 1 ist nicht vergleichbar, wie z. B. Ellis, R. (A Commentary on Catullus. – Oxford 1889) zum c. 50 meint.

36 Vgl. Glücklich, Unterricht (vgl. Anm. 1), 53, der 14–21 noch unterteilt.

37 Scott (vgl. Anm. 14), 169f.

38 Heine (vgl. Anm. 33), 65. – Tonlagen: 1–6 hell; 7–13 leidenschaftlich; 14–17 ruhiger; 18–21 neu ausbrechend, hintergründig.

39 Schäfer, E.: Das Verhältnis von Erlebnis und Kunstgestalt bei Catull. – Wiesbaden 1966, 16. – Zur Zeitstufengliederung vieler Catullgedichte vgl. Geldner (vgl. Anm. 1), 240; für c. 50 zeigt er: v. 1–6 Indikativ der Vergangenheit, v. 7–13 dto.; v. 14–17 dto.; 18–21 Imperativ Präsens.

1.2.5 *Text und Übersetzung von c. 50*

Hesterno, Licini, die otiosi
multum lusimus in meis tabellis,
ut convenerat esse delicatos.
scribens versiculos uterque nostrum
ludebat numero modo hoc modo illoc,
reddens mutua per iocum atque vinum.
atque illinc abii tuo lepore
incensus, Licini, facetiisque,
ut nec me miserum cibus iuvaret,
nec somnus tegeret quiete ocellos,
sed toto indomitus furore lecto
versarer cupiens videre lucem,
ut tecum loquerer simulque ut essem.
at defessa labore membra postquam
semimortua lectulo iacebant,
hoc, iucunde, tibi poema feci,
ex quo perspiceres meum dolorem.
nunc audax cave sis precesque nostras,
oramus, cave despuas, ocelle,
ne poenas Nemesis reposcat a te.
est vehemens dea: laedere hanc caveto.

Am gestrigen Tag, lieber Licinius, gingen wir müßig
und kritzelten viele spielerischen Verse in meine Schreibtäfelchen,
war doch abgemacht, wir wollten uns reizend unterhalten.
Leichte Verse schreibend tändelte jeder von uns beiden
mal in diesem Versmaß, dann in jenem,
indem wir bei Scherz und Wein wechselseitig ein Gedicht aufs andere setzten.
Und ich ging von dort weg, ganz entflammt, lieber Licinius,
von deiner Anmut und den geistvollen Scherzen,
so daß mir Armem weder Speise schmeckte
noch Schlaf den lieben Augen Ruhe brachte,
nein, ich fuhr vor Begeisterung wie wild im ganzen Bett umher,
sehnlich wünschend, das Tageslicht heraufkommen zu sehen,
damit ich mit dir spräche und zusammenwäre.
Doch als die Glieder, ganz erschöpft von solchem Leiden,
halbtot im Bette dalagen,
schrieb ich für dich, mein Liebenswürdiger, dieses Gedicht,
aus dem du meinen Sehnsuchtsschmerz erkennen sollst.

Nun aber hüte dich, mein Augenstern, trotzig-spröde zu tun, und hüte dich,
so bitten wir, unsere Wünsche hochmütig zurückzuweisen,
damit nicht Nemesis dir Strafe auferlege.
Ist sie doch eine gewaltige Göttin; die hüte dich zu kränken!

1.2.6 *Interpretation*

a) Anrede. Der Anlaß des Gedichts

Wie viele Gedichte Catulls beginnt c. 50 mit einer emphatischen Anrede, die sowohl Widmung als auch Zeichen für die Leser als Beschwörung der Eintracht des Vortages ist.[40] Daß Catull dem Freund noch einmal das Treiben vom Vortag erzählt, befremdet vorerst[41]; es könnte aber ihr erstes Treffen gewesen sein[42], und Catull erzählt davon, um Calvus durch die Erinnerung zur Fortsetzung zu verpflichten.

Der „Vortag" mag der Nachmittag gewesen sein, jedenfalls vor der *cena* (v. 9)[43], und es ist natürlich etwas unrömisch, die Zeit mit dichterischem Spiel zu verbringen, für das freilich *otium* eine Voraussetzung bildet.[44] Höchstwahrscheinlich traf man sich bei Calvus, denn zu ihm will Catull wieder eingeladen werden.[45] Dort schrieb man in Catulls Notiztäfelchen,[46] die er – vermutlich mit dem einen oder anderen Entwurf – mitgebracht

---

40 Zur Person des C. Licinius Calvus Macer, auch zu seinen Werken, vgl. Neudling, Ch. L.: A Prosopography to Catullus. – Oxford 1955, 104–110.

41 Fordyce, C. J.: A Commentary to Catullus. – Oxford 1973 z. St.

42 Dies vermutet Quinn (vgl. Anm. 18), z. St., der eine gewisse Unsicherheit bei Catull feststellt.

43 *Hesterno* ... *die* ist vielleicht umgangssprachlich; vgl. Petron 131, 2.

44 Elder, P.: Catull c. 1, sein poetisches Bekenntnis und Nepos. In: Heine, R. (Hrsg.): Catull (s. Anm. 33), 30. – Zu *otiosi* vgl. Segal (vgl. Anm. 24), 25: „deliberately inconsequential activities ... a mode of life and ... an aesthetic"; Segal 26, spricht auch von den „disreputable associations", die hier entstehen.

45 Riese, A.: Die Gedichte des Catullus, hrsg. und erklärt. – Leipzig 1880, z. St. betont aber mit Recht, daß das Treffen auch bei einem Dritten sein konnte.

46 Martial 14, 6, 1 spricht von *pugillares* mit drei „Blättern", die aber wohl ein Minimum waren.

und so das Spiel in Gang gesetzt hatte. Man schob die Täfelchen hin und her und „gab sich gegenseitig heraus".[47] Das „Spielen" (*ludere*) bedeutet die Abfassung leichter improvisierter Gelegenheitsverse, wie sie zu den *poetae novi* gehört, doch wird daraus bald ein fester Ausdruck für „dichten"[48], hartes Bemühen um gültige Form.[49]

Man hatte das Treffen abgemacht, hatte sich also mindestens einmal vorher getroffen und gesprochen. Ziel des Treffens war ein geistreich-dichterisch-freundschaftliches Spiel. *delicatus* ist vorerst „üppig, reizend"; die Übersetzung „ausgelassen"[50] paßt weniger. Das Wort bedeutet vordergründig das Dichten von Liebesversen,[51] wohl auch lasziven Versen, und Catull will damit den Bürger provozieren.[52] Zugleich aber versteht er darunter graziöse und geistreiche Verse.[53] „Mit *delicatus* wird der Bereich sinnlicher und geistreicher Anmut berührt"[54]; Catull hat – wie auch sonst gelegentlich – die Sprache etwas „angehoben".[55]

b) Geistreiches Spiel

Die Verse 3–5 führen aus, was in v. 1–3 mehr rahmend angedeutet war. Die „Verschen" (v. 4) sind richtig bezeichnet: es

---

47 An das Dichten eines Amoibaions o. ä. wird man weniger denken.

48 *ludere* von lyrischen, auch Liebes-Versen; vgl. Merill, E. T.: Catullus. – Cambridge (Mass.) 1893 unter Verweis auf 61,232; 68,17. – *ludere* ist gr. παίζειν. παίγνια sind kurze, heitere Gedichte, vgl. Scott (vgl. Anm. 14), 170,5: *canere* sei bei Catull von ernsten Kompositionen gebraucht. – *ludere* gehört zu allen nicht-epischen, nicht-tragischen kleineren Dichtungen nach Heine, Auswahl (vgl. Anm. 6), 66.

49 *lusimus:* das Perfekt faßt zusammen; 5 *ludebat* schildert den wiederholten Vorgang.

50 Kroll (vgl. Anm. 16) z. St.; Heine, Auswahl (vgl. Anm. 6), z. St.

51 Merill (vgl. Anm. 48) vergleicht Cicero, in Pisonem 70 *libidines ... delicatissimis versibus expresserit.*

52 Buchheit (vgl. Anm. 27), 165, verweist auf Cicero, in Catilinam 2,23 (Catilinarier) *pueri tam lepidi ac delicati.*

53 So Pucci (vgl. Anm. 9), 250, mit Recht, der eine gewisse Ironie vermutet.

54 So Schäfer (vgl. Anm. 39), 39.

55 Kroll (vgl. Anm. 16) z. St., verweist auf Paulus Festi 101 *lascivi et delicati carminis, cantator,* doch ist Catulls Erhöhung des Sprachgebrauchs zu beachten. Näher am eigentlichen Sinn unter Verweis auf Paulus Festi 61, 12 *delicatus quasi lusui dicatus* ist Lenchantin de Gubernatis, M.: Il libro di Catullo. – Torino 1933 z. St.

waren ja wohl kürzere Verse und Gedichte.[56] Beide Dichter „spielen“; *uterque* (v. 4) zeigt dabei jeden einzeln, nicht beide zusammen (*simul, una*) da sie ja abwechselnd schreiben. Das „Spielen“ (v. 5 *ludebat*) erstreckt sich dabei wohl auch auf die Metra; die Neoteriker achteten auf Polymetrie, wie z. B. die Oden 1,1–10 des Horaz in verschiedenen Maßen geschrieben sind. Man schreibt abwechselnd, indem beide in Versen über das gleiche Thema dichten und sich zu überbieten suchen. Hier kommt das gesellschaftliche Element dieser Dichtung zur Geltung. *Per iocum atque vinum* (v. 6) unterstreicht dies: man schrieb witzige Gedichte, machte auch sonst Witze und geistreiche Anmerkungen; verwandte Ausdrücke sind *risus, lepos, facetiae, sal.*[57]

c) Nachklang glücklicher Stunden

Der nächste Hauptteil des Gedichtes (v. 7–13) zeigt, wie die glückliche Aufregung Catulls nach den beschwingten Stunden in ihm nachzittert[58]; kam der erste Teil ohne Gefühlsausdrücke aus, häufen sie sich nun. Catull erhebt das vergangene Treffen zu einer ernsteren, ganz unspielerischen Erfahrung.[59] Um seinen begeisterten, enthusiasmierten Zustand zu zeichnen, verwendet Catull die traditionellen Symptome von Verliebtheit,[60] doch „mit ganz leichter Übertreibung, ganz leisem Lächeln über sich selbst“.[61]

---

56 Buchheit (vgl. Anm. 27), 168: *versiculi* gehören zu Komödie, Satire, Epigramm, kleinen Gattungen. Auch dieses Wort sei eine Herausforderung.

57 Zu *per iocum atque vinum* vgl. 12,2. – *ioci* (6) sind gesprochene oder geschriebene Scherze; *lepor* (7) ist die sich darin äußernde geistig-seelische Kultur; *facetiae* (8) sind geistreiche Scherze. – Buchheit (vgl. Anm. 27), 169, nimmt an, *vinum* spiele auf Enthusiasmus des Dichters durch Dionysos an, womit sich Catull „keineswegs als lupenreiner Anhänger des Kallimachos“ erweise. Es fragt sich, ob hier nicht das gesellige Element von „Wein“ zur Erklärung genügt.

58 Vgl. Fraenkel (vgl. Anm. 13), 282.

59 Scott (vgl. Anm. 14), 170.

60 Wittke (vgl. Anm. 22), z. St.

61 Fraenkel (vgl. Anm. 13), 282.

Atque (v. 7) leitet lebhaft ein;[62] wo *illinc* (v. 7) war, ist schwer zu sagen[63], vermutlich bei Calvus. Catull ist entzückt vom „Charme“ des anderen.[64] *Lepor* ist ein Lieblingswort Catulls, das für hübsches Aussehen, besonders aber für geistige und künstlerische Schönheit steht[65] und ein Schlüsselwort für Catulls Menschenbild ist.[66] Die geistreichen „Scherze“ (v. 8 *facetiis*) sind Ausdruck der inneren Anmut des Calvus, der nun – im neuen Abschnitt – erneut angesprochen wird.

Catull ist „begeistert“, „inspiriert“, „enthusiasmiert“ (v. 8 *incensus*); das Wort schildert die geradezu nervöse Wachheit im Geiste, die ihn erfaßt hat[67] und ist wiederum der Liebessprache verwandt, muß aber eher geistig gefaßt werden. „Leidenschaft, ja Verstiegenheit und Überschwang“, sagt BÜCHNER[68], haben „eine Sondersprache des Kreises hervorgebracht“. Die rahmenden Wörter *lepore . . . facetiisque* engen die Bedeutung von *incensus* auf eine geistige Freundschaft ein.[69] Nur dieser Bezug herrscht auch im folgenden vor: Catull möchte wieder mit Calvus zusammensein und dichten.[70] Die seelische Erregung wird nun physisch erlebt, und Catull nennt sich „arm“ (v. 9 *miser*), wie es auch Verliebte tun, ohne diesen Zustand als Unglück zu empfinden.[71] Speise schmeckt ihm nicht; er war also wohl gegen Abend zur *cena* heimgegangen, doch wehrt sich

62 „Und dann“.

63 FORDYCE (vgl. Anm. 41), z. St.

64 Vgl. zu 2 und KROLL (vgl. Anm. 16), z. St.

65 BUCHHEIT, V.: Catulls Dichterkritik in c. 36. In: HEINE, Catull (WdF), 49.

66 HEINE, Ausgabe (vgl. Anm. 6), z. St. – Zu *lepos* vgl. 16,7; 1,1; Cicero kennt *lepos* als häufigen rhetorischen Fachterminus, *de oratore* 1,27; Brutus 143. Vergleichbar ist *venustus* bei Catull. – Sallust, Catilina 25,5, spricht vom Charme (*lepos*) Sempronias. – TRÄNKLE, H.: Ausdrucksfülle bei Catull. In: Philologus 111 (1967), 198–211, verweist darauf, daß in c. 50 Ausdrücke für anmutig-witziges Wesen gehäuft auftreten; vgl. 12,8; 16,7.

67 BOLTE, H.: Catullgedichte als Hinführung zu Vergil. In: AU 12 (1969), Heft 3, 5–14 (hier 7).

68 BÜCHNER (vgl. Anm. 8), 21.

69 So SCOTT (vgl. Anm. 14), 171, mit Recht.

70 FORDYCE (vgl. Anm. 41), z. St., kommentiert *incensus* hübsch: extravagantely, but not insincerely; BUCHHEIT (vgl. Anm. 27), 173, verweist auf Kallimachos iamb. 13,13f.

71 SCHÄFER (vgl. Anm. 39), 83.

seine sensible Natur gegen das Essen (und dann gegen den Schlaf). Dabei könnte ihn Essen wieder auf die Beine stellen (v. 9 *iuvaret*); das Wort findet sich häufig in medizinischen Texten.[72] Auch die „armen Augen“ (v. 10 *ocellos*) finden keinen Schlaf.

„Im ganzen Bett“ (v. 11) fährt Catull umher[73], „wie wild vor Begeisterung“ (v. 11).[74] *Furor* steht hier weder für „Liebesverfallenheit“[75] noch als Übersetzung für „dichterische *mania*“[76]; es meint nur die „Begeisterung“ Catulls über Calvus und das Erlebnis des poetischen Nachmittags[77], die ihn schlaflos macht und den neuen Tag ersehnen läßt.

Man ist anfangs über die starken Reaktionen Catulls befremdet; doch kennt man seine Art, höchste Intensität des Gefühles und seines Ausdruckes mit hoher Kunst und Eleganz der Sprache zu verbinden.

d) Dichterische Anspielungen?

Hinter den Bildern des nicht essenden und nicht schlafenden Dichters könnten aber auch die homerischen Gestalten des im Kummer um den Freund (!) nicht essenden Achilleus und des sich im Bette herumwerfenden Odysseus (Homer, Odyssee 20, 24ff.; vgl. auch Homer, Ilias 24,4) stehen. Dann wäre der Dichter der neue Achilleus und Odysseus zugleich, und der

72 Heine, Ausgabe (vgl. Anm. 6), z. St. – Ob Catull an den um den Freund trauernden Achilleus (Homer, Ilias 24,129) denkt und dessen Bild aufrufen will (so Scott, vgl. Anm. 14, 171)? Vgl. zu Vers 11f.

73 *lecto = in lecto;* vgl. 15 *lectulo* und Iuvenal 13,218 *toto versata toro iam membra quiescunt.*

74 *indomitus* steht aus Gründen der Emphase anstelle von *indomito* (Enallage).

75 So Schäfer (vgl. Anm. 39), 39.

76 Dazu paßt schon *indomitus* nicht.

77 Fordyce (vgl. Anm. 41), z. St. spricht viel zu hart von „nervous breakdown“; vgl. auch 64, 54. – Zu *versarer* vgl. Cicero, in Verrem 2,2,74 *versabat se utramque in partem non solum mente, verum etiam corpore.* – Syndikus (vgl. Anm. 16), 253, zu den „Symptomen“ bei Catull und deren Parallelen in der Liebesdichtung.

Klassiker Homer wäre im hellenistischen Poemation aufgerufen, modern umgedeutet, vertieft, überboten, ja: überflügelt. Leider läßt sich – trotz einiger Anklänge an Homer bei Catull – ein zwingender Beweis nicht führen. Zu denken gibt immerhin, daß gerade in der Mitte des Gedichtes diese Bilder stehen, umrahmt von einem eher „naiven“ Eingang und einem gelehrt-vertiefenden Schluß.
V. 13 enthüllt nun völlig klar, was Catull ersehnt: Weder „Liebe“ noch (vorerst) dichterischen „Kontakt“; er will nur die Gemeinschaft und das Gespräch mit Calvus genießen, will sprechen, hören, scherzen und – dann natürlich – dichten.[78]

e) Catulls Billett

Der dritte Hauptteil (v. 14–21) beginnt mit einem Unterabschnitt (v. 14–17); Catull schrieb wohl noch in der Nacht seine Bitte um ein neues Treffen, wobei er in v. 14 durch den Rhythmus seine Ermüdung ausmalt;[79] *postquam* steht dabei mit Imperfekt (v. 15 *iacebant*), um den Zustand darzustellen.[80] „Halbtot“ liegen die Glieder da[81], sozusagen vom Ich abgelöst und vom Willen nicht mehr beherrscht.[82] Der *labor* Catulls bedeutet die körperliche Mühe der Schlaflosigkeit ebenso wie den Trennungsschmerz[83]; doch bringt dieser Zustand am Ende

78 *loquerer* ... *essem* ist ein Hysteron proteron, das gut zum Mitteilungs-, Anregungs- und Gesprächsbedürfnis des Dichters paßt. – *simul esse* ist eher umgangssprachlich, vgl. 21,5; Cicero ad familiares 9,1,2 *simul simus;* Horaz, Epistel 1, 10, 50.

79 ELLIS (vgl. Anm. 35), z. St.; ob man hier sagen kann „Dichtung bringt Trost“ (BUCHHEIT, vgl. Anm. 27, 175), ist mir fraglich.

80 Imperfekt schon bei Plautus, Mostellaria 640.

81 Vielleicht hat Catull dieses Wort (*semimortua*) für diese Stelle neu gebildet, QUINN (vgl. Anm. 18), z. St.

82 *lectulo* steht wohl nur *metri causa;* sonst wäre „in dem verdammten Bett“ zu übersetzen.

83 Vgl. HEINE, Ausgabe (vgl. Anm. 6), z. St.; *labor* für „Leiden“ bei Plautus, Pseudolus 695; *scis amorem, scis laborem.* Doch meint Catull weder eigentliches Liebesleiden, noch scheint er den römischen *labor*-Begriff aus dem Staatsleben (so BOLTE, vgl. Anm. 67, 7) hierher zu übertragen.

eine gewisse Beruhigung, wenigstens so weit, daß Catull sein Gedicht schreiben kann.[84] Jedenfalls behauptet er es.

Er spricht Calvus als *iucunde* (v. 16) an, als liebenswürdigen Freund[85], rückt ihm sozusagen sprachlich näher als in v. 1 (*Licini*); auch *tibi* erneuert die Widmung. Wenn Calvus *hoc* laut liest, sieht der Hörer das Billett vor sich; es bedeutet ja „das für dich geschriebene Werklein, das du nun in Händen hältst".[86]

Nun finden sich griechische Wörter oder Anspielungen: *poema, feci* (= ἐποίησα), *audax* (ὑβριστής), *Nemesis, vehemens dea* (βαρεῖα θεά);[87] Catull schreibt als *poeta doctus* an einen *doctus poeta*.

f) Catulls Bitte an Calvus

Calvus soll seinen Sehnsuchtsschmerz deutlich (*per-*) erkennen;[88] es ist der in v. 11f. geschilderte Zustand, und natürlich soll Calvus helfen, den Schmerz zu heilen: Er soll ihn wieder einladen oder besuchen. Zweck der poetischen Epistel ist also die mehr oder weniger deutliche Bitte um Fortsetzung der persönlichen und dichterischen Beziehung. Genau dies aber spricht Catull nicht aus; es ist sein Taktgefühl, das es ihm verbietet. Der letzte Abschnitt ist auf Bitte und scherzhaft-pathetische Warnung eingestimmt. v. 20f. schwanken zwi-

---

84 Das Produkt „schöpferischer Unruhe" nennt es BIELER, L.: Geschichte der Römischen Literatur. – Berlin 1961; 1,150.

85 Vgl. 14,2 *iucundissime Calve,* und Horaz, Satire 1, 3, 93. Die Neoteriker scheinen das Wort *iucundus* bevorzugt in der Poesie zu gebrauchen, vgl. Ross, D. O.: Style and Tradition in Catullus. – Cambridge (Mass.) 1969, 78.

86 *poema* ist ein kleines Gedicht; vgl. 22,15 und Muretus: *distichon, epigrammation vocant poema: poesis est perpetuum argumentum.*

87 PUCCI (vgl. Anm. 9), 250.

88 Das Imperfekt *perspiceres* zeigt entweder die Absicht Catulls in der Nacht an, innerlich abhängig von *feci,* oder es ist das Tempus des Briefeschreibers. – FINAMORE, J. F. (Catullus 50 and 51. Friendship, Love and otium. – In: Classical World 78, 1984, 11–20 hier 16) übersetzt *dolorem* mit „distress" oder „anguish"; es beziehe sich auf *labor, furor, incensus.*

schen Ironie und tieferer Bedeutung. *Nunc* (v. 18), nach dem Lesen des Briefes, soll Calvus sich hüten, stolz zu sein.[89] Er könnte aus Catulls Zustand eine eigene Überlegenheit ableiten. *Audax* bedeutet hier wohl, wie gesagt, „stolz“[90], doch wird „kühn“ mitverstanden, weil eine Ablehnung von Catulls Anliegen den Zorn und die Strafe der Göttin heraufbeschwören könnte.

Die „Bitten“ (v. 18) sind oben besprochen; sie sind übrigens v. 12f. sehr klar angedeutet: Catull will mit Calvus zusammensein (*cupiens ... ut tecum loquerer simulque ut essem*). Der Plural *nostras* (*preces*) ist ein wenig pluralis maiestatis: Calvus soll auch Catulls Würde spüren.

Besonders v. 19 mit seiner drängenden Anrede, der Bittformel, der zärtlichen Metapher drückt Catulls Wunsch fast heftig aus. *Despuas* (v. 19) ist dabei stärker als *contemnas*.[91]

g) Wirkungsvoller Schluß

Der Schluß endet mit dem pathetischen Hinweis auf Nemesis, also einem religiösen *lumen,* das wohl auch den hellenistischen Charakter dieser Dichtung unterstreicht. Wie ernst dies alles gemeint ist, kann man schwer sagen; sicher ist in dieser leichten Dichtung auch Ironie im Spiel.[92] Andererseits ist der dunkle Ton nicht zu überhören: Verweigerung der Bitte zieht Strafe nach sich;[93] Nemesis bestraft Übermut, auch in den zwischen-

89 *cave: – e* ist durch Jambenkürzung kurz. *cave* erscheint dreimal (18, 19, 21), ist also sehr betont. Catull bestürmt Calvus. – Syndikus (vgl. Anm. 16), 253, über starke Ausdrükke Catulls in diesem Zusammenhang; er verweist auch auf *caveto* (254).

90 So Merill (vgl. Anm. 48) z. St.

91 Vgl. De Gubernatis (vgl. Anm. 55), z. St.; Quinn (vgl. Anm. 18) z. St.: „a strong, uncommon word“.

92 Schäfer (vgl. Anm. 39), 38: der Hinweis auf Nemesis sei scherzhaft; Scott (vgl. Anm. 14), 171: Catull glaube nicht an die Realität der Einwirkung der Nemesis. Quinn (vgl. Anm. 18) z. St. spricht von „mock-tragic“ und „semi-playful invocation“. – Vgl. auch Syndikus (vgl. Anm. 16) 254.

93 Strafe durch Nemesis: vgl. 66, 71. – Németh, B.: Catullan Twin-Poems (c. 50 – c. 14). In: ACD 10–11, 1974, 47f. erinnert an die Phoinix-Rede, Homer, Ilias 9, 430f.

menschlichen Beziehungen.[94] Durch den Hinweis: *est vehemens dea* (v. 21) wird die Göttin intensiv vergegenwärtigt, vielleicht in Anlehnung an einen Vers des Antimachos.[95]
Calvus soll Nemesis nicht kränken. Der Verschluß *a te* (v. 20) klang schon seltsam,[96] und die beiden kurzen Sätze von v. 21 sollen, wenn man so sagen darf, ironisch-bedrohlich-vielsagend-verschwebend klingen und dem Gedicht ein Ende verleihen, das zu weiterem Sinnen Anlaß gibt.[97] Durch diesen sehr klugen Schluß hat Catull sicher auch erreicht, was er ja auch wollte: Zu zeigen, durch seine Kunst zu zeigen, daß er die Freundschaft des Calvus voll verdiente.

h) Leben und Gedicht

Mit Recht nannte man das Gedicht ein Manifest der *poetae novi,* zeigt es doch ihre Begeisterung für die Dichtung, der die Dichtung zum Lebensinhalt wird. Zugleich sehen wir den Gehalt des Lebens im Gedicht aufgehoben. Indem das Gedicht den Leser seine Entstehung fast miterleben läßt, bildet es ein Exemplum dafür, wie Leben zum Gedicht werden kann. Wie Goethe im August 1803 an Zelter schrieb: „Natur- und Kunstwerke lernt man nicht kennen, wenn sie fertig sind; man muß sie im Entstehen aufhaschen, um sie einigermaßen zu begreifen." Nicht ganz fassen freilich kann man die schwebende Ironie in dem Gedicht, die doch auch vorhanden ist, ebenso wenig wie Bedeutung und Umfang der Selbstdistanzierung, die mit einer Selbstdarstellung stets verbunden ist.

---

94 Catull spricht mehrfach von ihr 64, 395; 66, 71; Nemesis als Rächerin verschmähter Liebe: Ovid, Metamorphosen 3,406f.; vgl. Alkiphron 1, 37, 4.

95 Zu *vehemens dea* vgl. MERILL (vgl. Anm. 48): „severe, inexorable". Der Satz des Antimachos ist zitiert bei Strabon 12,588 „es gibt eine gewisse Nemesis, eine große Göttin (μεγάλη θεός).

96 Vgl. den Versschluß 10,31.

97 Merkwürdig KROLL (vgl. Anm. 16): „klingt so gemütlich". – Zu c. 50 vgl. auch noch LIEBERG, G.: Puella divina. – Amsterdam 1962, 264f. – Zum ganzen Gedicht vgl. auch FINAMORE, J. F.: Catulius 50 and 51. In: Classical World 78 (1982), 11–20.

1.3 **Zweites Beispiel: carmen 70**

1.3.1 *Text und Übersetzung*

Nulli se dicit mulier mea nubere malle
    quam mihi, non si se Iupiter ipse petat.
dicit: sed mulier cupido quod dicit amanti,
    in vento et rapida scribere oportet aqua.

Keinen, sagt mein Weib, wolle sie lieber heiraten
als mich, auch nicht, wenn Iupiter selbst sie begehrte.
Das sagt sie, doch was ein Weib seinem verlangenden Liebhaber sagt,
muß man in den Wind und in reißendes Wasser schreiben.

1.3.2 *Ein Epigramm eigener Art*

Dieses Gedicht ist wegen der bekannten Um-Münzung von Wörtern durch Catull sehr schwer zu übersetzen.[98] Denn das „unscheinbare epigrammatische Gedicht“[99] ist bei näherer Betrachtung recht inhaltsschwer und hintergründig.[100]

---

98 Man vergleiche nur drei Übersetzungen; einmal bei ORFF, Catulli Carmina, in dt. Übersetzung von BACH, R. – Mainz 1944 u. ö.:
    Keinen nehme sie lieber zum Manne als mich, so sagt sie,
    Sagt mir Lesbia, und wenn selbst Jupiter käme zu frei'n,
    Sagt sie. Aber was ein Weib einem Mann sagt, der liebt,
    Schreib's in den wehenden Wind, schreib's in die Welle des Stroms.
Schlimm ist die verniedlichende Fassung ausgerechnet bei einem so bedeutenden Kenner wie O. Weinreich:
    Keinem, so sagt mein Frauchen, wolle sie lieber gehören,
    Keinem als mir, und würb' Juppiter selber um sie.
    Sagt's. Doch was ein Frauchen dem Liebenden sagt, der entbrannt ist.
    Soll man gleich in den Wind schreiben und reißenden Strom.
Sehr vorsichtig, dafür freilich (wie auch meine Übersetzung) farblos, KLINGNER, FR.: Römische Geisteswelt. – München 1956, 209:
    Mit keinem, sagt die Meine, verbindet sie sich lieber als
    mit mir, auch nicht, wenn Jupiter selbst sie wolle. Sagt es;
    was freilich eine Frau dem sehnsüchtig Liebenden sagt, muß
    man in Wind und reißendes Wasser schreiben.

99 KLINGNER (vgl. Anm. 98), 209.

100 Wenn es freilich CRAMER, F. (Der lateinische Unterricht. – Berlin 1919, 443) im Unterricht unter der Marke „Frauenwort“ lesen wollte, weiß man nicht, was er dabei dachte.

Tafelbild zu carmen 70

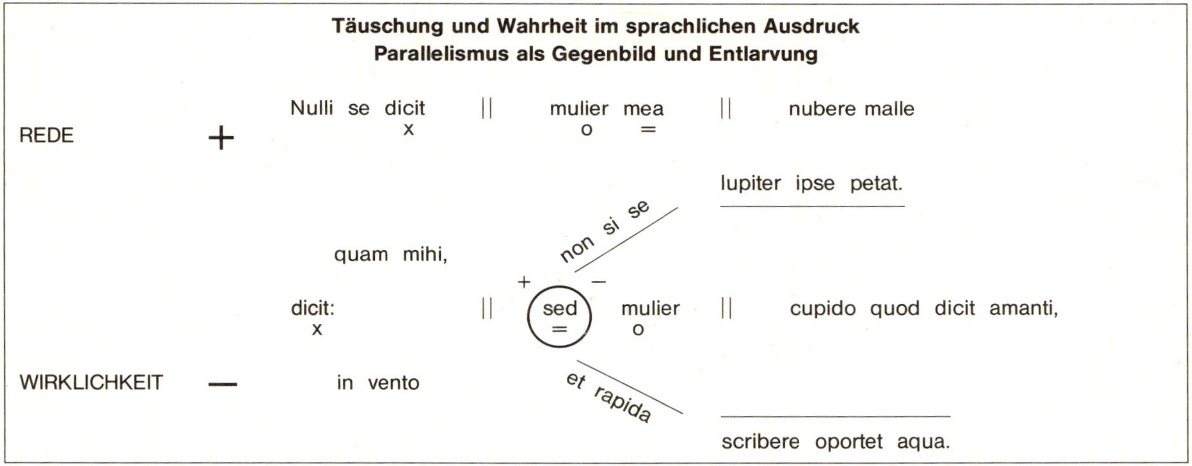

Man kann das Epigramm in Catulls „lyrisches Tagebuch" einordnen, in dem alles aus dem Augenblick Hervorgesponnene, scheinbar leicht hingeworfen, dennoch durchaus Gestaltung ist, und sieht andererseits, daß auch in den kleinen „Gelegenheitsgedichten" Catulls die Kunst eigens gesucht ist.
So findet man in c. 70 die typischen Elemente des Epigramms[101], und doch sieht man, daß die Epigrammform „umgestaltet und aufgebrochen" ist.[102] In der Tat liefern v. 1 und 2 eine Art von Spannung im Lesbia-Teil und 3/4 eine Art von „Lösung" im Catull-Teil; zugleich aber ist der Monolog des Dichters auch ein Dialog, eine Rede Lesbias (sie ist wohl gemeint), die zitiert wird, und eine Reaktion (eigentlich keine Antwort) Catulls, in der Lesbias Rede entlarvt wird. Dabei spricht Catull einsam mit sich selbst[103], und wenn man in c. 109 den ersten Hinweis auf Catulls inneren Kampf um angemessenen Ausdruck seiner Gefühle angesichts der Erkenntnis fand, daß Lesbia ihre Liebe nicht in gleicher Weise betrachtete wie er,[104] wird man c. 70 (wenn es zeitlich vor c. 109 liegt) schon als solchen Hinweis verstehen dürfen.[105]

---

101 Glücklich, Unterricht (vgl. Anm. 1), 68: Konzentration des Sprachmaterials, Kürze, antithetischer Bau mit Erwartung und Aufschluß, überraschende Schlußwendung.

102 Büchner (vgl. Anm. 8), 16.

103 Fünf andere Epigramme richtet er anredend an sich selbst (8, 46, 52, 76, 79); hier (in 70) spricht er – auch – mit sich selbst.

104 Copley, F. O.: Gefühlskonflikte und ihre Bedeutung in den Lesbiagedichten. In: Heine (Hrsg.): Catull (vgl. Anm. 33), 287; vgl. auch Quinn, Revolution (vgl. Anm. 18), 70.

105 Quinn (Ausgabe, vgl. Anm. 21), zu 70, sieht Catull auf dem Weg, „to win more ... awarenes of what went wrong between him and Lesbia".

1.3.3 *Interpretation*

a) Lesbias Rede

Das Gedicht beginnt emphatisch mit langsamen Spondeen und betont das Anfangswort *nulli,* „gar niemand“[106], das in v. 2 (*non*) wieder aufgenommen wird. Schon die Wiederholung erweckt gewisse Bedenken und macht aufmerksam, wie überhaupt in c. 70 Wiederholungen auffallen.[107] Lesbia betont, daß „keiner“ ihr näher stehe als Catull. Dieser zitiert sie: Catull zitiert Lesbia nicht selten, und c. 72, 1,2 führt er den hier besprochenen Satz noch einmal an, was zum Verständnis von c. 70 beitragen wird. *Dicit* steht im Präsens; Catull vergegenwärtigt sich Lesbias Rede, doch kann das Präsens auch eine Art von stehender Redewendung der Frau sein. Schon hier übrigens kann man fragen, ob es sich bei Lesbia nur um Worte handelt und ob Taten folgen; in v. 3 (*dicit*) wird es klar werden, wo man „das sagt sie zwar, aber ...“ übersetzen müßte.[108] Jedenfalls erregt die eher übertreibende Anfangsstellung von *nulli* und die zitierend-distanzierende Art des *dicit* eine gewisse Reserve beim Hörer, der auch registriert, daß vorerst die Handlungsführung bei Lesbia liegt; Catull reagiert eher.[109]
Die zwei nächsten Worte (*mulier mea*) stammen von Catull selbst. Was *mulier* bedeutet, ist schwer zu sagen. Man versteht darunter etwa „*puella*“[110] oder „mein Weibchen“[111] und nennt

106 Der substantivische Gebrauch von *nulli* ist in republikanischer Zeit selten; FORDYCE (vgl. Anm. 41), z. St.
107 *Nulli-non; mulier-mulier; dicit-dicit-dicit.*
108 Zu gemeinsamen Vokabeln in Gedichtteilen bei Catull vgl. GELDNER (vgl. Anm. 1), 241.
109 DE GUBERNATIS (vgl. Anm. 55), z. St.
110 RIESE (vgl. Anm. 45), z. St.
111 Vgl. Anm. 98.

den Ausdruck „vulgär“[112], betont auch, die Frau sei nicht mit Namen genannt, sondern mit der Bezeichnung ihrer Geschlechtlichkeit „beschrieben“[113], schreibt auch die Übertragung des eigentlich ehelichen Terminus nicht Catull zu.[114] Offenbar denkt Catull nicht darüber nach, daß er Lesbias Gatten betrügt. Ich nehme an, daß Catull entweder einen Ausdruck für „Geliebte“ aus dem Jargon seiner Kreise verwendet oder durch eine uns unbekannte Wendung Lesbias auf das Wort verfiel oder – und dies scheint mir das Nächstliegende – in seiner vielfach steigernden Art durch das Wort seine enge, in Gedanken vielleicht vorauseilende Neigung zu Lesbia ausdrükken will. Jedenfalls ist hier der Ton von *mulier* viel wärmer als bei dem eher abschätzigen *mulier* in v. 3.

b) Bedeutung von *nubere*

Noch schwieriger zu verstehen ist *nubere,* die Frau jemands werden. Manche Erklärer deuten kurz entschlossen: *res venerea*[115], übersetzen „zu Diensten sein“, sich hingeben.[116] Andere denken an wirkliche Heirat nach dem Tode des Gatten Clodias.[117] Vielfach findet man den Ausdruck scherzhaft oder leidenschaftlich oder deutet ihn als eine Art von jugendlichem

---

112 Kroll (vgl. Anm. 16), z. St. unter Vergleich mit Horaz, Epode 12,23 *magis quam diligeret mulier sua quam te.*

113 Glücklich, Unterricht (vgl. Anm. 1), 67.

114 Heine, Auswahl (vgl. Anm. 6), 80.

115 De Gubernatis (vgl. Anm. 55), z. St., unter Verweis auf Plautus, Cistellaria 43: *cottidie viro nubit* (passend?); jedenfalls schließt er den Gedanken an Heirat aus. – Baehrens, E. (Catulli ... liber, erkl. – Leipzig 1885 z. St.) zitiert Seneca rhetor 290, 15 K.: *moriar, nisi nubere dulce est* (passend?) und paraphrasiert *„concumbere“.*

116 Glücklich, Unterricht (vgl. Anm. 1), 67. – Catull beschreibt übrigens die Natur seiner Beziehung ganz anders (72,3f.): *pater ut gnatos diligit!* Schon dies muß gegen solche Übersetzung vorsichtig machen.

117 Ribbeck (vgl. Anm. 13), 318; Kroll (vgl. Anm. 16), z. St., aber sehr differenziert.

Jargon[118], hält ihn für absichtlich mehrdeutig.[119] Ich entscheide mich für die Nuance „leidenschaftlich-übertreibend“ und schreibe den Wortgebrauch Catull zu. Dieser zitiert nämlich die gleiche Aussage c. 72, 1.2. *Dicebas quondam solum te nosse Catullum, Lesbia, nec prae me velle tenere Iovem.* Hier spricht Lesbia viel ruhiger, von *nosse:* „kennen“ oder *tenere:* „halten“.

Es muß also damit gerechnet werden, daß Catull Lesbias Wort in c. 70,1 in seine eigene – steigernde – Diktion übersetzt hat, wie er ja auch schon – unter eigener Flagge – das steigernde *mulier* gebraucht hatte. Das tut er vielleicht, indem er sich bedeutendere Hoffnungen macht und Lesbia weitergehend interpretiert, als sie es meinte, oder – und das wäre weniger schön – er steigert Lesbias Worte, um sie nachher umso sicherer entlarven zu können.[120] Trifft dies nicht zu, ist *nubere* – wenn von Lesbia gesprochen – eher ironisch-zärtlich zu interpretieren, auch als scherzhaft, in jedem Falle aber als letztlich oberflächlich. Besonders verräterisch klingt *malle* statt *velle. Malle* zeigt Catull als einen unter mehreren in Frage Kommenden und besagt, daß Lesbia ihn lieber als andere will, diese anderen aber eben doch auch als potentielle Partner ansieht.[121]

---

118 Scherz: KROLL (vgl. Anm. 16), z. St.; leidenschaftlich: RIESE (vgl. A. 45), z. St.; Jargon: HEINE, Auswahl (vgl. Anm. 6), z. St. – KROLL weist nach, daß etwa *coniunx* bei Catull auch von anderer als ehelicher Verbindung gebraucht wird (64, 123).

119 WILLIAMS, (vgl. Anm. 19), 405.

120 Sowohl *nosse* wie *tenere* (72, 1.2) sind ruhigere Ausdrücke als *nubere*.

121 Wenn man c. 72 gründlicher mit c. 70 vergleicht, wird man freilich gegen das Bild der Lesbia bei Catull mißtrauisch.

c) Lesbias Übertreibung

Der Pentameter (v. 2) ist in drei Teile zerlegt (*quam mihi/non si se/Iupiter ipse petat*), wobei gerade das wichtige *mihi* am Anfang unbetont ist[122]: so wichtig scheint Catull für Lesbia nicht zu sein.

Lesbia fährt fort und betont wiederholend (*nulli – non*), niemand stehe vor Catull; *non* steht wirklich ausschließend (wie *ne ... quidem*), wobei freilich der Verdacht auf Übertreibung vorliegt. Diese Übertreibung setzt sich im Konditionalsatz fort.[123] Dieser nennt nun „den größten der denkbaren Störfaktoren"[124] an betontester Stelle: Selbst Iupiter kann Lesbia nicht dem Catull entfremden. Hier zeigt sich, daß der Mythos noch eine gewisse Bedeutung hat, selbst wenn es nur in der Redensart wäre.[125] Jupiter ist der begehrenswerteste Liebhaber, und der Vergleich mit Catull bekennt ein Höchstmaß an liebender Neigung für ihn, freilich in einer vielleicht „konventionellen Formel"[126], die eher nichtig ist.[127] An sich ist die Übertreibung schon verdächtig. Zudem ist Jupiter hier ja nicht als oberste Gottheit gefaßt, sondern als gewaltiger Liebhaber, der zwangsläufig unbeständig ist.[128]

Auch *petat* ist nicht sehr überzeugend, auch wenn man es nicht ganz so drastisch faßt wie ein Erklärer.[129] Von innerer, echter Neigung ist kaum die Rede, und so wird durch den Ausdruck

---

122 Vgl. auch die treffende Bemerkung von GLÜCKLICH, Unterricht (vgl. Anm. 1), 67; diese Stellung lasse es „als überraschend erscheinen, daß gerade der Sprecher der Bevorzugte sein soll." – *quam* steht für *nisi*.

123 Zu *non si* vgl. 48,5; 69,3.

124 So GLÜCKLICH, Unterricht (vgl. Anm. 1), 67.

125 Bei Longos 4, 17, 3, hat der Parasit Gnathon bei den Gastmählern der Schlemmer „die ganze erotische Mythologie" gelernt.

126 So interpretiert LIEBERG (vgl. Anm. 97), 266.

127 Vgl. schon früher Plautus, Casina 302: *negavi ... ipsi me concessurum Iovi* (*Casinam uxorem*); Ovid, Metamorphosen 7,801: *Iovis illa meo thalamos praeferret amori.*

128 Vgl. KROLL (vgl. Anm. 16), z. St.

129 DE GUBERNATIS (vgl. Anm. 55), z. St.: *ad concubitum petat.*

des Begehrens auch das Wort *nubere* (v. 1) etwas entwertet; es ist ziemlich handfest im Ton. Jedenfalls scheint der ganze Wortlaut auf ein mehr oder weniger dauerhaftes „Zusammensein" hinauszuwollen und kaum auf ein echtes Zusammenleben und Zusammenbleiben. Die Aussage Lesbias entlarvt sich eigentlich schon selbst als übertrieben und unglaubwürdig; ihre Sprache ist keine echte Sprache.

d) Catulls Kritik an Lesbias Rede

Catull übt nun Kritik an der so verlockenden und erfreulichen Aussage von 1.2, die ja die Frage erweckt, welche Folgen sie hervorruft. Wie schon in der *otium*-Strophe in c. 51 steht hier Catull plötzlich sozusagen neben sich selbst. „Der Dichter spricht ... aus dem ... Subjekt dessen, der von außen beobachtet."[130] Er setzt distanzierend-trocken mit *dicit* ein, das hier den Gegensatz zwischen Worten und Taten aufreißt („sie sagt es zwar") und alles Bisherige bereits in Frage stellt,[131] dabei an höchst betonter Stelle.
Nun macht er – sich und anderen – den notwendigen Einwand (*sed*) in Form einer Sentenz (Gnome), die Lesbias Aussage an der Erfahrung mißt. Dabei scheint *mulier* – im Gegensatz zu v. 1 – leicht abwertend gebraucht, wieder an leicht betontem Platz („so ein Weib").
Worte eines Weibes an ihren leidenschaftlich begehrenden (*cupido*) Liebhaber (*amanti*) gelten nichts.[132] Man meint übrigens zu spüren, wie in v. 1 und 2 ein leichtes, beruhigendes und

130 Klingner (vgl. Anm. 98), 203. – Da der folgende *quod*-Satz in v. 3 den Hauptsatz in v. 4 gedanklich voraussetzt, ist die Erkenntnis der Nichtigkeit von Lesbias Worten zumindest vor *dicit* (v. 3) anzusetzen.

131 In v. 1. ist *dicit* Redeeinleitung, in v. 3 zitiert und enthüllt es, in v. 3, an schwacher Stelle, ist es einfach beschreibend; vgl. Offermann, H.: Das Stilmittel der Wiederholung in Catulls kleinen Gedichten. In: Museum Helveticum 33 (1971), 234–247; hier 245,56: „Aus dem ersten Satz wird nur ein Wort aufgegriffen, jedoch mit anderem Gewicht versehen und inhaltlich umgewertet."

132 Zu *cupido* vgl. 64, 145; Ovid, Amores 2, 5, 26; zu *amanti* vgl. 72,7.

auch zum Teil ironisches Reden Lesbias gegenüber einem allzu drängenden Liebhaber mitschwingt. Natürlich sagt auch *cupido* aus, daß der Liebende ohnedies nicht so ganz besonnen und also unter Umständen mit Worten abzuspeisen ist, die so recht ernst nicht gemeint sind. Vielleicht soll seine Eifersucht beruhigt werden?

Dabei steht das übliche Verhältnis von Liebenden ohnedies auf dem Kopf; eigentlich sollte der Liebhaber zuerst sprechen oder handeln. Doch stellt Catull Lesbia in den meisten Gedichten als Handelnde dar, auf deren Äußerungen der Dichter reagiert.[133] Catull hat „auf den Mann übertragen, was man (im Hellenismus) an liebenden Frauen dargestellt hatte."[134]

e) Ins Wasser schreiben

Catull sagt: Solche Worte muß man in Wasser und Wind schreiben. *Oportet* (v. 4) meint: es ist notwendig, es ist eine Verbindlichkeit, die aus vernünftigen oder moralischen Beweggründen hervorgeht.[135] Aufschreiben ist eine Form der Verfestigung, des Stetigmachens auf lange oder ewig. In Wind und Wasser zu schreiben, ist unmöglich; das Geschriebene wird den Elementen anheimgegeben und verweht. Gerade in dem paradoxen Bild wird der Unglaube Catulls überdeutlich;[136] er schafft sozusagen das Anti-Monument, ein Anti-Epigramm. Das Bild stammt von einem Epigramm des Kallimachos, einer Anregung des Meleagros und einem Wort des Sophokles, die Catull zu einer ganz persönlichen Form verschmilzt.[137] So hieß

---

133 Vgl. z. B. auch c. 109.

134 Klingner (vgl. Anm. 98), 208f.

135 Ramshorn, L.: Lateinische Synonymik. – Leipzig 1833, Nr. 975. – Die Sentenz paßt zu dieser „Verbindlichkeit"; vgl. Kallimachos, Epigramm 25,3 („wahr ist das Wort").

136 Solche Paradoxien, Unmöglichkeiten finden sich schon in alten Eiden, Orakeln u. ä., um Mögliches oder Unmögliches zu bekräftigen.

137 Vgl. Laurens, P.: A propos d' une image catullienne (c. 70,4). In: Latomus 24 (1965), 545–550.

es schon bei Sophokles (frg. 742 N) „Den Eid einer Frau schreibe ich ins Wasser“; bei Platon (Phaidros 270 C) gibt es den Ausdruck „ins Wasser schreiben“.[138] Meleagros verwendete das Bild (Anthologia Graeca 5,8): „... und wir gelobten es fest: er, stets mich zu lieben, ich aber, nie ihn zu lassen ... Und nun kündet er mir, im Wasser trieben die Eide.“[139] Später wurde ein Sprichwort daraus,[140] und Catull verwendet das Bild vom Wasser oder Winde noch öfter,[141] später gefolgt von Ovid und Properz.[142] Das Bild läßt sich durch die weitere Literatur bis zur Neuzeit verfolgen.[143]

f) Catull entlarvt Lesbias Rede

So hat Catull Lesbias Beteuerung, die ihn an sich ja erfreuen mußte, als letztlich unwahr und unverlässig erkannt und in kunstvoller Ausformung seinen Zweifel dargestellt. Heine[144] scheint die tiefe, verborgene Erregung, die das Gedicht ausdrückt, zu verkennen, wenn er meint, man könnte es sich ebenso gut als Mitteilung an einen Freund denken, als daß man den Eindruck hätte, es handele sich um den dichterischen Niederschlag eines Catull tatsächlich tiefer bewegenden Zwie-

---

138 Vgl. Platon, Symposion 183 B: „ein Liebeseid sei ungültig.“ – Zum Weiterleben des Gedankens vgl. Anthologia Graeca 5, 106 „Du aber hast wie das ionische Meer auf meine Worte gehört“; Anthologia Graeca 5, 133 (Maikios) „Weg mit dem Eid in den Wind.“

139 Man vergleiche auch Anthologia Graeca 17, 70. – Siehe auch Theokrit 22, 167 f. und Catull 30, 9 f.

140 Diogenianos 5, 83: Ins Wasser schreiben; von denen, die Unmögliches beginnen.

141 64, 142 *discerpunt irrita venti;* 30, 9 *ventos irrita ferre ... sinis.*

142 Ovid, Amores 2, 16, 46; Properz 2, 28, 8 *quicquid iurarunt, ventus et unda rapit.* – Augustinus, De civitate dei 19, 23, 1: Porphyrios schreibe über die Möglichkeit, eine Frau vom Christentum zurückzuholen, Apollo sage dazu in Versen: *Forte magis poteris in aqua impressis litteris scribere* etc.

143 Philip Sidney: „But a womans words to a lover ... in wind or water's streame do require to be writ“; Ben Jonson: „Are vows so cheap with woman? ... that they are writ in water and blown away with wind?“ – Curtius, E. R. (Europäische Literatur und Lateinisches Mittelalter. – Bern ^{2}1954, 308 f.) vergleicht die Grabinschrift von Keats: Here lies one whose name was writ in water.

144 Auswahl (vgl. Anm. 6) 81.

spaltes.[145] Die raffende und intellektuell spannende Form des Epigramms täuscht über die unecht-grelle Redeweise Lesbias ebenso hinweg wie die verallgemeinernd-versachlichende Weise der altklugen Sentenz über das beunruhigt hoffende und am Ende schon fast hoffnungslos verschwebende Reden Catulls. Die innere Spannung der epigrammatischen Form wird zur existentiellen, schicksalhaften Spannung, und die intellektuell „aufgehende" Lösung des Problems in 3.4 geht im Gefühl Catulls und des Lesers keineswegs auf, weist vielmehr über den Abschluß des Gedichtes hinaus.[146]

1.3.4 *Catull zitiert Kallimachos*

Zugleich ist das Epigramm eine Erinnerung an Epigramm 25 des Kallimachos, das zitiert und überboten wird.[147] Catull variiert gerne ältere Motive, und Knoche[148] erläutert schön, daß man im Lateinischen ein Bekenntnis gerade dann vom Dichter erwarten wird, wenn er sich einer vorgeprägten Form bedient; „erst von einem solchen Verweis erwartet er die wirkliche Gültigkeit seiner eigenen ... Aussage ..., als ob ein dichterischer Senat der poetischen Maiores das Bekenntnis erst gegenzeichnen müßte."

Kallimachos, Epigramm 25

Seiner Ionis schwur Kallignotos, er werde niemals
    andere heißer als sie lieben, nicht Freundin, noch Freund.
Also schwur er. Doch wahr ist das Wort, daß die Eide der Liebe
    niemals dringen hinauf in der Unsterblichen Ohr.
Denn jetzt brennt er in Glut für'nen schönen Knaben; das arme
    Mädchen zählet für nichts, so wie der Megarer Volk.

---

145 Über Unruhe und Bitterkeit in c. 70 vgl. richtig Granarolo, J.: L' oeuvre de Catulle. – Paris 1967, 267.

146 Ross (vgl. Anm. 85) nennt solches Interesse an Nachahmung „völlig neoterisch"; vgl. auch Stoessl, F.: Catull als Epigrammatiker. In: Wiener Studien 70 (1957), 290–305, auch in Pfohl, G. (Hrsg.): Das Epigramm. – Darmstadt 1969 (WdF), 137ff.

147 Soviel ich weiß, ist der echt römische Gedanke des Überbietens griechischer Vorlagen bei Catull noch nicht eingehend untersucht.

148 Knoche (vgl. Anm. 5), 157.

Das Gedicht[149] ist deutlich Catulls Vorläufer; dies zeigt die epigrammatische Form, das Thema, der verallgemeinernde Satz über die Liebeseide, das „nicht Freundin noch Freund". Besonders auffällig ist das „Also schwur er. Doch ..." an gleicher Stelle wie Catulls *dicit: sed* ...[150] Bei Kallimachos steht dabei ὤμοσεν („schwur") im Urtext zweimal betont am Versanfang, „während Catull die Möglichkeit, die im Wort *dicit* liegt, bei der Wiederholung gewissermaßen erst entdeckt".[151] Andererseits streicht Catull das Schlußbild und konzentriert dadurch sein Gedicht; auch ist der Anfang wenig ähnlich. Kallimachos schildert mit etwas skeptischer Haltung die Untreue eines Liebenden; bei Catull spielt sich eine Passion ab; der Grieche bleibt etwas mehr im Allgemeinen, der Römer schildert ein persönliches Schicksal.[152] Catull vertieft das Bild von der Nichtigkeit der Liebesschwüre und bringt eine mythologische Anspielung, was beides seinem Gedicht Farbe verleiht. Bei Kallimachos ist die Frau betrogen, und der Dichter berichtet; bei Catull spricht einer der beiden Liebenden selbst, und zwar der betroffene, leidende Teil, und auch so ist das Gedicht vertieft. Allerdings ist Catull zwar vielleicht in dem Liebesverhältnis selbst der unterlegene Teil, doch steht dafür die seelische und moralische Überlegenheit auf seiner Seite.

---

149 Die Übersetzung ist von KÖRTE, A.: Die Hellenistische Dichtung. – Leipzig 1925, 317; vgl. auch v. WILAMOWITZ-MOELLENDORFF, U.: Hellenistische Dichtung in der Zeit des Kallimachos, 2. Bd. – Berlin 1924, 114.

150 Dafür ist Vorbild auch Meleagros, Anthologia Graeca 5, 24 (φησὶ μέν, ἀλλά).

151 So sehr schön OFFERMANN (vgl. Anm. 131), 245, 56, der auch auf die gedankliche „Verschärfung" verweist, die durch die Umsetzung des distanzierten Präteritums ὤμοσε in das Präsens *dicit* erfolgt. „Aus dem konventionellen Thema ist die Gestaltung eines Erlebnisses geworden."

152 Vgl. OTIS, B.: Virgil. A Study in Civilised Poetry. – London 1963, 102ff.

2. Vergil

Aeneis VI 703–751: Offenbarung durch den Vater

2.1 Didaktischer Rahmen

F. Maier stellt vier pädagogische Schwerpunkte als für die Zukunft bedeutsam heraus. Sie haben auch für den Lateinunterricht Geltung; er nennt unter anderem die Fähigkeit zur Kontemplation und Meditation und das Bewußtsein von der Moralität des Menschen, die den Schülern vermittelt werden sollen.[1] Es gibt wohl kaum außer der Lektüre von Vergils Aeneis einen Gegenstand des Lateinunterrichts, der dessen Aktualität angesichts solcher Forderungen überzeugender bewiese.[2] Mit Recht stellt auch R. Nickel den Grundsatz auf, der Schüler müsse mit den großen Menschheitsfragen und ethischen Problemen konfrontiert werden, um vor einem besinnungslosen Mittreiben im Zeitstrom bewahrt zu bleiben.[3] Weil die Lektüre der Aeneis immer wieder zum Nachdenken über die großen Fragen menschlicher Existenz geradezu zwingt, ist ihr Platz in nicht wenigen Lehrplänen gesichert.[4]

---

1 Maier, F.: Lateinunterricht zwischen Tradition und Fortschritt, Bd. 2: Zur Theorie des lateinischen Lektüreunterrichts. – Bamberg 1984, 64f.

2 Nickel, R.: Die Alten Sprachen in der Schule. – Frankfurt ^{2}1978, 204, fordert sogar, daß der Schüler zur Einsicht in das größte Ganze, die Aeneis, geführt werden muß, damit er die Auswahl der Vergil-Verse durch den Lehrer begreifen kann. So wird der Schüler mit den pädagogischen Grundlagen des Unterrichts selbst vertraut.

3 Nickel (vgl. Anm. 2), 198f.

4 So im Bayerischen Lehrplan für den Lateinunterricht (L 1) in der 11. Jahrgangsstufe (3. Römische Dichtung), wo auch gute methodische Hinweise gegeben sind. – Maier (vgl. Anm. 1), 162f., bespricht die Lektüre der Aeneis in den Lehrplänen der Bundesrepublik.

So fehlt es denn auch nicht an guten didaktischen Hinweisen zur Lektüre der Aeneis,[5] sowohl, was die Lektüre einzelner Teile betrifft,[6] wie zur Behandlung des Gesamtwerkes im Unterricht. Bei der Besprechung der gesamten Aeneis ist man sich in der Forderung mehr oder weniger einig, man solle dem Schüler die künstlerische Gestaltung nahebringen, auch den Gedankengang und Gehalt und Absicht des Werkes; schließlich könne man auf diesem Wege zur Persönlichkeit des Dichters Vergil vordringen.[7] Dabei sind es vorwiegend drei Aspekte, die zu berücksichtigen sind.

2.1.1 *Die Aeneis als „homerisches" Epos*

Vergil hat versucht, die homerische Form in ein römisches Nationalepos zu übertragen, und dieses Ziel einer Übertragung griechischer Kunst nach Rom ist ihm weitgehend gelungen. Er schuf nicht nur eine Nachahmung von Odyssee und Ilias, sondern er dichtete, weit darüber hinausgehend, ein Epos eigener Struktur und eigenen Wertes. Aeneas, der im fernen Westen, göttlicher Weisung vertrauend, eine neue Heimat

---

5 Buchheit, V.: Vergil im Unterricht. In: Neue Einsichten (hrsg. von Neukam, P.). – München 1978, 42–60. Gut orientierend Suerbaum, W.: Vergils Aeneis. Zur Problematik der Rezeption eines klassischen Werkes in der Forschung und im Gymnasialunterricht. In: Erbe, das nicht veraltet (hrsg. von Neukam, P.). – München 1979, 97–141. – Knapper Literatur-Überblick zu Vergil bei Ahrens, E.: Lateinausbildung im Studienseminar. – Frankfurt 1963, 116; höchst umfassend Suerbaum, W.: Hundert Jahre Vergil-Forschung: Eine systematische Arbeitsbibliographie mit besonderer Berücksichtigung der Aeneis. In: Aufstieg und Niedergang der römischen Welt (ANRW) 31,1. – Berlin 1980, 3–358. Ders.: Vergils Aeneis Beiträge zu ihrer Rezeption in Geschichte und Gegenwart. AUXILIA 3. Bamberg 1981.

6 Biermann, W.: Infelix Dido. Entwurf einer Curriculum-Sequenz. In: AU 18,1 (1975), 42ff.; Vretska, K.: Vergil, Aeneis 1, 1–7. In: AU 20,4 (1977), 5–7. – Über die Schwierigkeiten des Zugangs zu Vergil vgl. Suerbaum, Vergils Aeneis (vgl. Anm. 5), 103f.

7 Trümpner, H.: Die Aeneis des Vergil im Unterricht. In: AU 6,3 (1963), 5–49, hier 5. Ähnlich Nickel (vgl. Anm. 2), 196f.

sucht und gründet, ist eine innerlich mindestens ebenso vertiefte Gestalt wie Odysseus oder Achilleus. Vergil schuf ein römisches Nationalepos auch in dieser Hinsicht.[8] Mit Homer wetteifert er auch darin, daß er die epische Form konzentriert und sie zudem mit dramatischer Spannung erfüllt.[9] Römisch ist auch sein monumentaler Stil, sein Wille, ein Vorbild zu schaffen und auf die Nachwelt einzuwirken.

2.1.2 *Die Aeneis als nationales Epos der augusteischen Zeit*

Vergil gestaltet die Urgeschichte Roms und zeigt in ihr die Wurzeln des römischen Reiches unter Augustus auf. Die römische Geschichte wird ihm dabei zum religiösen Phänomen; das römische Volk erfüllt in seiner Gründungssage und in seiner Geschichte bis hin zu Augustus den Auftrag der göttlichen Fata, des Willens Jupiters. So ist in der homerischen Form der wichtigste Gehalt des römischen Volkes aufgehoben und geborgen: Die Begründung seiner Herrschaft und der von dieser garantierten Ordnung in der göttlichen Weltordnung.[10]

2.1.3 *Grundfragen menschlicher Existenz in der Aeneis*

Die Aeneis schildert nicht nur Grunderfahrungen menschlichen Lebens wie Zerstörung, Vertreibung, Verlust der Frau, Vater- und Sohnesliebe, Frauenliebe, Suchen eines Weges, Irren, Hinhören auf die Weisung der Götter, Sorge für die Anvertrauten, Kampf, Leidenschaft, sondern sie führt auch zu den letzten Fragen des Lebens selbst, zeigt seinen Ursprung,

---

8 Zu Aeneas vgl. Dettweiler, P.: Didaktik und Methodik des lateinischen Unterrichts. – München 1914, 202f. – Zum römischen Nationalepos vgl. Jäkel, W.: Methodik des altsprachlichen Unterrichts. – Heidelberg 1962, 223f.

9 Meister, R.: Vergil. In: Scheindler, A.: Methodik des Unterrichts in der lateinischen Sprache. – Wien 1913, 265–283, hier 268.

10 Selbstverständlich wird man das nationale Element bei Vergil auch kritisch sehen, freilich, ohne es mit Nationalismus zu verwechseln.

die Struktur des Seins, die Lenkung der Welt durch die Götter, das Schicksal als Bestimmung und Schuld, das Los der Seele. Insofern ist die Aeneis beinahe ein „Weltgedicht".

2.2 Das sechste Buch der Aeneis als ein Höhepunkt der Lektüre

Das 6. Buch der Aeneis führt den Leser zu philosophischen und eschatologischen Fragen, veranlaßt also zum Nachdenken über die eigene Stellung zu diesen Problemen.[11] Hier wird auch die Begegnung des Aeneas mit seinem Vater geschildert, der ihm die letzten Geheimnisse der Seele und der Geschichte kündet. Diese Stelle ist „äußerlich das Zentrum und innerlich das Herzstück des ganzen Werkes".[12] Für das Geschichtsdenken des Vergil ist ja das Weltgeschehen erst dann in seinem Wesen erfaßt, wenn man es in seiner Hinordnung auf eine transzendente Wirklichkeit erkennt.[13] Aus diesem Grunde ist es wichtig, gerade die Stelle über die Seelenlehre zu lesen, die „als fester Bestandteil zu dem gedanklichen Höhepunkt gehört".[14] Damals wurde in Rom der Frage nach dem Schicksal der Seele das größte Interesse entgegengebracht,[15] wohl nicht viel anders als heute.[16]

---

11 Jeder Text soll ... auch eine Begegnung mit den großen Menschheitsfragen sein, fordert STEINMEYER, H.: Die Laokoonszene in Vergils Aeneis. In: AU 10,1 (1067), 5.

12 So REITZENSTEIN bei BRUHN, E.: Altsprachlicher Unterricht. – Leipzig 1930, 106.

13 Nach ALTEVOGT, H.: Vergil. In: Interpretationen lateinischer Schulautoren mit didaktischen Vorbemerkungen (hrsg. von KREFELD, H.). – Frankfurt 1968, 94.

14 TRÜMPNER (vgl. Anm. 7), 31.

15 P. Vergilius Maro. Aeneis Buch VI (erklärt von NORDEN, E.). – Berlin 1926^3, 3.

16 Über erhöhte religiöse Empfänglichkeit im Rom Vergils vgl. MEISTER (vgl. Anm. 9), 272. – Auch WILSING, N. (Die Praxis des Lateinunterrichts. Teil 2. – Stuttgart 1957, 25) empfiehlt einen Vergleich der Eschatologie bei Vergil und im Somnium Scipionis. – Nach den Lehrplänen des Saarlandes werden Vers 703–751 wenigstens in Übersetzung gelesen; in Bayern ist die Lektüre dieser Stelle leider nicht ausdrücklich empfohlen. – Die Verse 6,719–721 fanden lebhafte Zustimmung bei Augustinus, *De civitate dei* 14,5.

2.2.1 *Aeneas als Suchender*

Aeneas hat die Unterwelt betreten und sieht zuerst die Büßer und Bestraften. Dann heftet er den goldenen Zweig an die Schwelle und darf das Elysium betreten, in dem sich unter anderen die Stammväter Troias aufhalten, so daß schon hier ein geschichtlicher Aspekt auftaucht. Dann findet Aeneas seinen Vater Anchises, der ihm später die Lehre von der Welt und den Seelen erklärt.
Dieser Aeneas nun ist kein strahlender Held, sondern ein einsamer, leidgeprüfter Mann, dessen Aufgabe es ist, die Penaten Trojas zu neuer, bleibender Stätte zu bringen, also einen Staat zu gründen.[17] Sein Charakter ist geprägt durch Frömmigkeit *(pietas)* und Tapferkeit. Dieses ist ein neues, auf sittliche Kraft gegründetes Heldenideal.[18] Immer wieder mußte Aeneas umherirren und sorgsam auf die Winke der Götter achten. Nun erhält er neue Orientierung, neue Einsicht in den Sinn seiner Aufgabe.[19] Ja, er erhält ein ganzes Welt-Bild, eine Offenbarung über die Entstehung der Welt, ihre Struktur, über Tod und Jenseits und das Schicksal der Seele. Diese Offenbarung mündet dann in eine Schau der römischen Geschichte als Teil einer allumfassenden göttlichen Welt- und Seinsordnung.[20] Es ist dies das höhere Geschichtsbewußtsein der Römer, das ein Gegenwärtiges nur als Teil der Gesamtzeit bewertet.[21] Die Geschichte

---

17 Burck, E.: Zwei Grundwerte der römischen Lebensordnung. In: Römertum (hrsg. von Oppermann, H.). – Darmstadt 1962, 33–65, hier 62.

18 Aeneas als „stoischer“ Held ist besprochen von Suerbaum, Vergils Aeneis (vgl. Anm. 5), 138.

19 Es ist aber noch nicht die letzte Offenbarung; vgl. Buchheit (vgl. Anm. 5), 52.

20 Vgl. Wlosok, A.: Vergil in der neueren Forschung. In: Gymnasium 80 (1973), 129–151, hier 137. – Die Lehren, die Anchises erteilt, folgen einander in derselben Reihenfolge wie in den sibyllinischen Weissagungen: Kosmogonie, Geschichte der Römer bzw. der ganzen Menschheit; vgl. Trencsényi-Waldapfel, I.: Von Homer bis Vergil. – Berlin 1975, 453 und 478.

21 So Pöschl, V.: Die Dichtkunst Vergils. – Wien ^{2}1964, 65.

kommt aus einem übergeschichtlichen Bezirk her und mündet auch darein. Anchises sorgt durch seine Offenbarung dafür, daß diese Urgründe seinem Sohn (und den Lesern) gegenwärtig sind. Er zeigt den Felsen, auf dem alles aufbaut.

2.2.2 *Der Gang in die Unterwelt und zum Vater*

Ein antiker Held muß immer auch zu den Toten gekommen sein und die Unterwelt lebend verlassen haben.[22] So sucht Odysseus seine Mutter und Teiresias auf, um von ihnen Belehrung zu erhalten, doch betritt er die Unterwelt selbst nicht.[23] Wenn Vergil den Aeneas die Unterwelt besuchen läßt, vertieft er das Motiv entscheidend.[24] Bevor Aeneas hinabsteigt, ist er von leidvollem Dunkel umfangen, und der Gang durch das Seelenreich ist – nach V. Pöschl – ein Symbol für die Berührung des Dichters mit der Tragik der Welt.[25] Zugleich ist der Weg in die Tiefe ein Weg in Vergangenheit und Zukunft, in die Tiefe des Sinnes des römischen und des menschlichen Lebens überhaupt.[26] Mit der homerischen Nekyia verbindet Vergil eine religiös-philosophische Vision des Jenseits, wie sie im Schlußmythos der platonischen Politeia und der ciceronischen Staats-

---

22 Unterweltbesuche als Motive der Weltliteratur bespricht Frenzel, E. (Motive der Weltliteratur. – Stuttgart 1976, 676f.) von Gilgamesch, Theseus, Herakles, Odysseus, zur Höllenfahrt Christi und Dante. Vgl. auch Clark, R. J.: The „Wheel" and Vergil's Eschatology in Aeneid Book 6. In: Symbolae Osloenses 50 (1975), 121–141, hier 137. – Kerényi, K. (Zum Verständnis von Vergilius Aeneis. B. VI. In: Hermes 66, 1931, 413–441, hier 441) beweist, daß eine Hadestopographie sich mit sphärischen Voraussetzungen (Himmel u. ä.) gut vereinbaren läßt. – Allgemein: Diels, H.: Himmel- und Höllenfahrten von Homer bis Dante. In: Neue Jahrbücher 25 (1922), 239–253.

23 Trümpner (vgl. Anm. 7), 8, vergleicht Homer und Vergil. Homers Quelle im 11. Buch der Odyssee war vermutlich eine orphisch-pythagoreische Hadesbeschreibung.

24 In Anchises fällt Antikleia, die Mutter des Odysseus, mit Teiresias zusammen; so Klingner, F.: Virgil. Bucolica. Georgica. Aeneis. – Zürich 1967, 481. – Vergil kontrastiert auch Theseus zu Aeneas, vgl. Zanker, W.: Aeneas and Theseus in Aeneid 6. In: Classical Journal 62 (1967), 220–226, hier 220.

25 Pöschl (vgl. Anm. 21), 85.

26 Von den „letzten Geheimnissen, die das Weltall birgt", spricht Trümpner, H.: Die Eschatologie bei Vergil im Unterricht. In: AU 4,2 (1959), 46–48, hier 47.

schrift überliefert ist. Hinzu tritt die Bedeutung des Vaters, der in der Tiefe aufgesucht wird.[27] Die *pietas* des Sohnes und die *cura* des Vaters ergänzen sich zu einem höchsten inneren Einklang zwischen den Generationen. Anchises, als *pater familias,* bleibt auch im Jenseits seiner Familie zugewandt. Zudem beantwortet er die Fragen des noch unwissenden Sohnes über die letzten Dinge und wird so zum unaufdringlichen Mittler zwischen Jupiter und Aeneas. Nach dieser Einweihung in den Sinn des Lebens tritt der Vater zurück: der Sohn führt sein Leben nun völlig selbst.

Das Treffen von Vater und Sohn ist von hoher pädagogischer Bedeutung. Angesichts einer Meinung, nach der unsere Gesellschaft auf dem Weg zur Vaterlosigkeit sich befinden soll, ist es von Wichtigkeit, hier ein ganz intaktes Vater-Sohn-Verhältnis zu sehen.[28] In der Tat verbirgt sich hinter dem Vater das Bild einer geordneten, vom Vater-Gott gelenkten Welt, und Vergil mag – längst vor FREUD – den Gang in die Tiefe der Welt auch tiefenpsychologisch begriffen haben. Es ist auch ein Gang in die Tiefe der eigenen Seele, dorthin, wo das väterliche Prinzip lenkend und leitend mithilft, das Leben zu bestehen. Die symbolische Auffassung von Dichtung war seit der Stoa eingeführt. Mit Recht betont K. BÜCHNER zum Treffen des Aeneas mit Anchises: „Zu dieser Szene strebt das ganze Buch.“[29]

27 „Die Begegnung zwischen Vater und Sohn, nicht in erster Linie zwischen Anchises und Aeneas“: BÜCHNER, K.: P. Vergilius Maro. Der Dichter der Römer. – Stuttgart 1955, 409. Verfehlt KLOTZ, A.: Geschichte der römischen Literatur. – Bielefeld 1930, 158: Ein Motiv hätte genügt, die Prophezeihung durch die Sibylle oder der Abstieg des Helden in die Unterwelt.

28 MITSCHERLICH, A.: Auf dem Wege zur vaterlosen Gesellschaft. – München 1963. – Vgl. Auch HORKHEIMER, M.: Die Sehnsucht nach dem ganz Anderen. – Hamburg 1970, 79: „... daß der Zusammenbruch des Vater-Mythos ... die Existenz des Gewissens als gesellschaftliches Phänomen in Frage stellt“. – Man spricht auch etwa ab 1950 von einer „Literatur ohne Väter“. Hinter dem Bild des Vaters verbarg sich früher zweifellos die geordnete Welt und der Vater Gott.

29 BÜCHNER (vgl. Anm. 27), 367.

2.2.3 *Die Offenbarung der letzten Dinge*

Das eigentliche Anliegen der Aeneis reicht bis in die göttliche Ordnung der Welt und des Daseins hinauf, und die Offenbarung dieser Ordnung ist vom übrigen Epos sozusagen eingehüllt. „Alles Schmerzliche ist in die von den Griechen entworfene göttliche Ordnung eingefügt, den aristotelischen Kosmos und die platonisch-stoische Welt- und Schicksalsordnung, in die die geschichtliche Sendung Roms eingegliedert ist.“[30]

a) Der Weltenbau

Die ordnende Kraft in der Welt ist der Logos, *spiritus, mens,* Geist, Weltvernunft und Gott. Der Gott durchdringt alles und verbindet sich der Materie aufs engste, ja der Gott der Stoiker, die Weltseele, Weltvernunft, Fatum ist nichts von der Materie scharf Abgeschiedenes, sondern selbst feinste Materie.[31] Der Logos durchwaltet die ganze Welt und bestimmt alles Geschehen auf ihr. Es liegt also ein echter Pantheismus vor.

b) Aufgabe und Schicksal der Seele

Die Aufgabe der Seele ist in pythagoreisch-platonischem Sinne der Kampf gegen die herabziehende Wirkung von Materie und Körper auf die Seele. Gelingt es ihr, sich möglichst rein zu erhalten und dem göttlichen Gebot der Vernunft zu folgen, erwartet sie Lohn im Jenseits, wo nicht, Strafe. Diese Belohnung des Guten im Jenseits war ein Anliegen, das Vergil sehr beschäftigte, und die Offenbarung des Anchises ist das Symbol für das, was den *pius* nach seinem Tode erwartet.[32] Aeneas sieht, daß der Tod nicht das Ende bedeutet, sondern daß im Jenseits das Leben seine Vollendung erfährt.

---

30 PÖSCHL (vgl. Anm. 21), 17. – Es sind „die ersten und die letzten Dinge überhaupt“: KLINGNER (vgl. Anm. 24), 483.

31 Ich folge hier TRÜMPNER (vgl. Anm. 26), 57f. Dabei ist Vergil kein strenger Stoiker im philosophischen Sinne. Vgl. auch TRÜMPNER, 66f., zum Unterschied zwischen dem stoischen und christlichen Gottesbild.

32 Nach TRÜMPNER (vgl. Anm. 7), 33f.

c) Geschichte als göttliches Fatum

Vergangenheit, Gegenwart und Zukunft stellen sich unter der ordnenden Kraft des göttlichen Weltgeistes als sinnvolle Einheit dar.[33] Aeneas befindet sich in einem Strom, der aus einer fortwirkenden Vergangenheit in die Zukunft fließt, und die eigentliche Wirklichkeit des Gedichtes ist der göttliche Schicksalsplan, der Rom zur Herrin der Welt bestimmt hat.[34] Diese Auffassung des römischen Schicksals als eines zielstrebigen Ganzen in einem göttlichen Gesamtgeschehen ist Vergils eigener Gedanke.[35] Was diesen geschichtlichen Zusammenhang bewegt, ist Jupiters Wille, das Walten der göttlichen Ordnung im irdischen Leben.[36] Wenn also Seelen wieder ins Erdenleben zurückkehren, ist diese Rückkehr ein Teil des Wirkens des göttlichen Weltgeistes. Leben in der Welt ist Mitwirken mit Gott in der Geschichte.[37]

2.2.4 *Quellen Vergils*

Vergil hat in seiner Darstellung des Kosmos und der Seele viele Gedanken von Philosophen vor ihm verschmolzen. Orphisch-pythagoreische Lehre liegt vor, Einflüsse Heraklits, der Stoiker, des Empedokles, Platons.[38] Für den Rahmen verwendete er vielleicht ein altes orphisch-pythagoreisches Gedicht, in dem

---

33 Nach TRÜMPNER (vgl. Anm. 7), 31.

34 Nach TRÜMPNER (vgl. Anm. 7), 6.

35 Vgl. KLINGNER, F.: Vergil. In: Das Neue Bild der Antike. – Band 2, Leipzig 1942; 219–245, hier 245.

36 Vgl. SCHADEWALDT, W.: Begriff und Wesen der antiken Klassik. In: Das Problem des Klassischen und die Antike (hrsg. von JAEGER, W.). – Darmstadt 1961, 29: Vergils Aeneis ist der Staatsmythos des augusteischen Rom. Roms Geschichte ist von Anbeginn an vorgezeichnet in einem göttlichen Plan.

37 So KLINGNER (vgl. Anm. 24), 719f.

38 Vgl. PEARSON, J.: Virgil's „Divine Vision" (Aeneid. 4. 238–44 and 6. 724–51). In: Classical Philology 56 (1961), 33–38. – Man glaubte auch Elemente stoischer Philosophie zu erkennen, die Zenon in seinem „Staat", einem Gegenstück des platonischen, vorgetragen hatte; vgl. RIBBECK, O.: Geschichte der römischen Dichtung. – 2. Band, Stuttgart 1889, 99.

jedoch auch eine Eschatologie und die Lehre von der Seelenwanderung enthalten waren. Andere Quellen, vielleicht auch Poseidonios, traten hinzu.[39] Ganz besonders jedoch ist Vergil von Cicero beeinflußt. Einmal denkt er sicherlich an eine Stelle im zweiten Buch Ciceros „De consulatu suo", in der Cicero die Weltordnung schildert:

Principio aetherio flammatus Iupiter igni
Vertitur et totum conlustrat lumine mundum
Menteque divina caelum terrasque petessit,
Quae penitus sensus hominum vitasque retentat
Aetheris aeterni saepta atque inclusa cavernis etc.[40]

Sodann hat auf ihn die Erinnerung an Ciceros Staatsschrift mächtig gewirkt. Hier war ebenso wie in der Aeneis die Aufgabe der Gegenwart in eine große Vergangenheit hineingedeutet und auf der Bühne der Geschichte durchgespielt, um für das traditionsbewußte Empfinden der Römer verpflichtender zu werden.[41] Und sicher ist es auch kein Zufall, daß bei Cicero, im Somnium Scipionis, der Vater es ist, der dem Sohn das Tiefste enthüllt.[42] An beiden Stellen wird ein kosmisches System dargeboten, ist vom Körper als dem Kerker der Seele die Rede. Und wenn bei Vergil – nach einer anfangs zweifelnden Frage (720) – der erneute Wunsch der Seelen nach Verkörperung positiv beurteilt wird (750f.), entspricht auch dies den beiden Auffassungen vom Leben im Somnium Scipionis. Wenn man, wie Cicero, das Leben der Menschen als Aufgabe versteht, gewinnt

---

39 NORDEN (vgl. Anm. 15), 21. – CUMONT, F.: Lucrèce et le symbolisme pythagoricien des Enfers. In: Revue de Philologie 44 (1920), 229–240, hier 227, erinnert noch an Lukrez 3, 978–1023.

40 Cicero zitiert sich selbst in „de divinatione" 1,17–22. Zu *quae penitus* vgl. *inde hominum etc.* bei Vergil 728f.

41 Vgl. MARTENS, H.: Das Problem der Cicero-Lektüre. In: AU 9,1 (1966), 24.

42 Vgl. LAMACCHIA, R.: Ciceros Somnium Scipionis und das sechste Buch der Aeneis. In: Rheinisches Museum 107 (1964), 261–278.

die Stelle bei Vergil erst die rechte Einheit.[43] Durch neues Denken entsteht der Wunsch der Seelen, sich zu verkörpern, die Pflicht zum Leben zu erfüllen. Das Schwanken zwischen der Verherrlichung des Todes und des Lebens wird dann in der Aeneis beendet durch die folgende Heldenschau. Das Problem der Rückkehr aus der Unterwelt ist übrigens in einem Gedicht von Hermann Broch behandelt[44], das am Ende dieses Beitrages (S. 52) abgedruckt ist.

2.3 Das Zentrum des 6. Buches

2.3.1 *Aeneas' Schau auf die Seelen seiner Nachkommen: 703–718*

Der Beginn des Textes erweckt ein Gefühl der Abgeschiedenheit und Ruhe, doch wird dies plötzlich aufgehoben durch eine neue Vision des Aeneas, der einen Wald und den Lethefluß erblickt.[45] Rechts und links des Flusses (712 *ripas*), auf einer freien Fläche zwischen Fluß und Hain aber besonders, wimmeln viele Seelen.[46] Durch das Bienengleichnis erinnert Vergil an die wunderbare, göttliche Ordnung der Bienen, die er in den „Georgica" beschrieben hat (IV 149 ff.), wobei er auch dort

43 Lamacchia (vgl. Anm. 42), 270 f.

44 Broch, H.: Gedichte. – Zürich 1953, 150. – Zu Dante vgl. Naumann, H.: Homers Nekyia und ihr Gegenbild bei Vergil und Dante. In: AU 5,1 (1961), 33–38.

45 *Videt* (703) bezeichnet die Vision, *subito* (710) deren Plötzlichkeit. – Besteht der Hain aus Buschwerk oder steht das Buschwerk am Rande des Waldes? Der Vers ist unklar. – Daß der Lethefluß eingeführt wird, ist wegen des späteren Vergessens wichtig. Das Motiv zieht sich durch alle Verse (705, 714, 715, 749).

46 Anchises nennt *gentes populique* (706), sieht die Seelen also jetzt schon in Sozialverbänden.

(219ff.) eine winzige ‚Kosmogonie' beigefügt hat. Sinn des Gleichnisses ist hier, die tiefere Gesetzmäßigkeit anzudeuten, die sich hinter dem Schwärmen der Bienen und dem Schwärmen der Seelen verbirgt.[47]
Das Erschrecken des Aeneas (710) ähnelt dem Erschrecken der Menschen bei einer Götterepiphanie oder einer Initiation.[48] Auch seine Fragen an den Erklärer entsprechen solchem Zusammenhang. Aeneas stellt nun drei Fragen: Weshalb ist hier diese Menge? Welcher Fluß ist es? Welche Männer?[49] Wie bedeutsam es ist, daß gerade der Vater diese Fragen und die weiteren beantwortet, ist schon besprochen. Das Fatum ‚schuldet' nun dieser Menge von Seelen eine neue Wiedergeburt. „Indem es den Seelen die neuen Körper gewährt, ist es sich nur selbst treu."[50] Anchises möchte Aeneas gleich die Nachkommen „zum Ansehen" (dies wird *coram* 716 bedeuten) zeigen,[51] damit dieser sich über das gefundene Italien (und die zu erwartende große Zukunft) freut. Er will also gleich den historisch-politischen Teil der Offenbarung geben. Der Sinn der Aufgabe des Aeneas und seine Freude daran soll endgültig gefestigt werden.[52]

---

47 Trümpner (vgl. Anm. 26), 51.

48 *subito visu* erklärt *horrescit;* so Conington, J./Nettleship, H.: P. Vergilii Opera. With a Commentary. – London 1884, z. St.

49 Bezeichnenderweise scheinen es nur Männer zu sein.

50 Trümpner (vgl. Anm. 26), 51. – Wir stellen vorerst als Arbeitshypothese auf, daß anscheinend nicht alle Seelen wiedergeboren werden; vielleicht sind es nur solche, die durch ihre Leistung und Art die Wiedergeburt verdienen.

51 *iampridem* gehört zu beiden Satzgliedern; so Ladewig, Th./Schaper, C./Deuticke, P.: Vergils Gedichte. – Berlin 1904, z. St.

52 Büchner (vgl. Anm. 27), 367. – *hanc* 717 ist deiktisch und malt die Ungeduld des Anchises, der darauf brennt, dem Sohn die große Zukunft zu weisen.

2.3.2 *Weltseele und Menschenseele (719–734)*

Aeneas aber unterbricht den Vater fast heftig[53] und kann es sich nicht erklären, daß Seelen von hier zur Erde zurückkehren wollen.[54] So vertieft er das Thema des Vaters durch das schmerzliche Mitgefühl mit denen, die wieder ins Leben hinauf müssen. Schuld, Sühne und Leid, die Aeneas bisher in der Unterwelt entgegentraten, erwecken in ihm den tragischen Schmerz des Mitleidens. Es ist der (weltflüchtige) Platonismus des Somnium Scipionis, der hier wie bei Cicero Ausdruck einer leidgeprüften Seele ist. Der Vater beherrscht sich, sagt, er wolle „ja“ (*equidem;* man möchte „gerne“ ergänzen) die Frage beantworten (die ihn eher aufhält), und erklärt nun alles der Ordnung nach. *Ordine* (722) betont dabei seinen Ordnungswillen ebenso wie eine gewisse überlegene Art.[55]
Nun setzt ein kleines Lehrgedicht ein (724f.), das systematisch vom Urgrund des Seins ausgeht, dem grundlegenden Ausgangspunkt, dem Urprinzip. Hier ist der Ton lukrezisch.[56]

---

53 Daher fehlt auch ein verbum dicendi.

54 PÖSCHL (vgl. Anm. 21), 85f. – G. HEYNE stellt in der Frage des Aeneas, die mit Unwillen gepaart sei, Erhabenheit fest. In: P. Vergilii Maronis Opera (hrsg. von HEYNE, G.). – Leipzig 1771, z. St. Eingehen der Seele in einen Leib ist ja bei Empedokles und Platon ein Sündenfall (NORDEN, vgl. Anm. 15, S. 18). Kontrast zu Aeneas ist die naive Lebensfreude des Achilleus, Homer, Odyssee 11,489f. – *sublimes = sursum tendentes,* vgl. P. Vergilii M. Opera, (hrsg. von FORBIGER, A.). – Leipzig 1873 z. St.; als prädikativ ist *sublimes* erklärt in P. Vergilii M. Aeneis (erl. von BROSIN, O./HEITKAMP, L.). – Gotha 1908 z. St. – *tarda* hat „aktiven“ Sinn nach Vergilio, Eneide, Kommentar von NOTTOLA, U. – Milano 1960, z. St. – *lucis = vitae* nach HENRY, J.: Aeneidea. – Band 3, Dublin 1889, z. St. – Unklar ist RÖTTGER, G.: Tote Sprache, Lebendige Rede. – Göttingen 1961, 47.

55 *suspensum = incertum* erklärt SETAIOLI, A.: Alcuni aspetti del VI libro dell' Eneide. – Bologna 1970, 187f. – *singula* sei „alles und jedes“ sagen BROSIN/HEITKAMP (vgl. Anm. 54), z. St.

56 Darauf weist hin AUSTIN, R. H.: P. Vergilii Maronis Aeneidos liber sextus. – Oxford 1977, z. St. – SETAIOLI, A. (Un Influsso Ciceroniano in Virgilio, In: Studi Italiani di Filologia Classica 47, 1975, 5–26, hier 8ff.) führt einen genauen Vergleich unserer Stelle mit Cicero, De divinatione 1,17–22 durch.

Anchises beginnt mit dem Wort *principio* und zeigt damit an, daß er den ersten Anfang benennt.[57] *Spiritus* und *mens* sind die Subjekte des sich entfaltenden Satzes. Der beseelende Lebenshauch, das Pneuma der Stoa, die Weltseele, der feine Äther, der Logos – all dieses ist Eines, das Urprinzip, das den ganzen Kosmos gestaltet und lebendig macht.[58] Dieser Geist vermischt sich völlig mit der Masse, belebt und bewegt sie, bildet zuvor auch das Formprinzip für die Materie. Der Logos ist der Materie immanent *(intus)* und durchdringt den ganzen Kosmos. Anchises nennt den Himmel, die Erde, das Wasser und die Gestirne, wobei *Titania astra* entweder die Sonne allein, aber auch Sonne und Sterne oder Sonne und Mond bedeuten kann. Wir entscheiden uns für „Sonne" allein.[59] Dadurch, daß die Weltseele die Materie durchdringt und formt (*inde* 728), entstehen alle Lebewesen. Diese werden in geordneter Reihe (Menschen, Weidetiere, Vögel, Wassertiere) aufgeführt.[60] Sie alle haben in sich die göttlichen Samen, die mit dem reinen

57 *Principio* bedeutet also „von allem Anfang an", „vom Uranfang an"; die anschließenden Konjunktionen *inde* (728), *hinc* (723), *ergo* (739) begründen den inneren Zusammenhang, nicht eigentlich eine Reihenfolge. Ich halte die Übersetzung von Brosin-Heitkamp (vgl. Anm. 54) „fürs erste" oder „pour commencer" von Plessis, P./Lejai, P. (Oeuvres de Virgile. – Paris o. J., z. St.) ebenso für falsch wie die Erklärung bei Kappes, K./Wörner, E. (Vergils Aeneide mit Erklärungen. – Leipzig 1895, z. St.): „um damit zu beginnen". Die Reihenfolge ist hier ganz zweitrangig.

58 „Le principe vital" übersetzt Pichon, R.: Virgile. Oeuvres completes. – Paris 1936, z. St.; Heyne (vgl. Anm. 54) spricht von psyche *et* nus. Es ist dies die *anima mundi,* die schon Platon, Timaios 34 D, aufführt; vgl. Sihler, E. G.; Virgil and Plato. In: TAPA 11 (1880), 72–82, hier 73f. – Natürlich entspricht der Weltlogos auch den *semina* (vgl. später).

59 „Sonne": Ladewig/Schaper/Deuticke (vgl. Anm. 51), Setaioli (vgl. Anm. 55), der poetischen Plural annimmt. Für Sonne und Sterne plädiert Page, T. E.: The Aeneid of Virgil. Books I–VI. – London 1960 z. St., für Mond und Sonne Henry (vgl. Anm. 54), z. St. – Heyne (vgl. Anm. 54) scheint zur Ansicht zu neigen, Vergil wolle zugleich die vier Elemente andeuten *(caelum = aer),* doch ist dies fraglich.

60 *pecudum* stellt wohl alle Landtiere vor, nicht nur das Kleinvieh. – *vitae volantum* wird mit „Vogelwelt" oder „das Dasein der Vögel" übersetzt. Vermutlich meint Vergil die „lebendigen, lebhaften Vögel". – *monstra* sind die merkwürdigen Wesen in der Meerestiefe. – *marmoreus:* Kappes/Wörner (vgl. Anm. 57) übersetzen „glatter Spiegel", doch kann auch die Farbstruktur der Oberfläche des Wassers gemeint sein.

Äther, dem göttlichen Funken, dem feurigen Pneuma gleichzusetzen sind.[61] Die Samen stellen die eigentliche Verbindung zwischen der Welt des Geistes und des Stoffes dar; der Mensch besitzt sie in hohem Maße, das Tier nur einen geringeren Teil. Durch die Verbindung mit dem Körper sind aber auch die besten Seelen schuldig geworden. Dabei ist der Grad der Ansteckung durch die Körper jeweils verschieden.[62] Jedenfalls hemmen die irdischen Leiber die Seele und verunreinigen sie.[63] Durch die Einwirkung des Körperlichen auf die Seele *(hinc)* entstehen in ihr die verschiedenen Affekte: *voluptas, cupiditas, aegritudo, metus;* es sind die stoischen *perturbationes animi.*[64] Die Seelen können nicht mehr die reine Himmelsluft sehen, weil sie im Körper eingesperrt sind. Es ist dies die bekannte pythagoreisch-platonische Wendung vom Körper als Grab oder Gefängnis der Seele. Was bedeutet nun *nec auras dispiciunt* (733f.)? Oft erklärt man, der Blick der Seele wende sich nicht mehr nach oben, sehe nach unten wie die Tiere (vgl. Sallust, Catilina 1,1). Die häufigste Erklärung ist, die Seele könne nicht mehr zum Himmel, zum Äther, emporblicken,[65] doch könnte man auch verstehen, die Seele könne aus dem Körper heraus gar nicht mehr recht durchsehen und (dann

---

61 Hier wirkt noch Heraklit nach, der Feuer und Logos in eins gesetzt hatte. Sihler (vgl. Anm. 58) verweist auf Platon, Phaidros 246 D und Politeia 514f. – Ladewig/Schaper/Deuticke (vgl. Anm. 51) erklären 730 *et* „infolge".

62 Norden (vgl. Anm. 15), 18. – Bailey, C.: Religion in Virgil. – New York 1969, 276, erklärt, hier finde sich bei Vergil die erste Spur von pythagoreischer Lehre in das stoische System eingemengt. – Heyne (vgl. Anm. 54) erklärt schön: *vim divinae flammae obtundit terrestris natura corporis.* – Pichon (vgl. Anm. 58): *noxia* werde durch *terreni* und *moribunda* erklärt.

63 Zu *tardant* 731 vgl. *ad tarda reverti corpora* 720. – *moribunda* sei stärker als *mortalia* sagen Connington/Nettleship (vgl. Anm. 48).

64 Mit *hinc* (733) vgl. *inde* (728); beidemale liegt die alte Gleichsetzung von örtlicher und kausaler Herkunft vor.

65 So Henry (vgl. Anm. 54), z. St.: the sky; Kappes (vgl. Anm. 57): Der Blick dringt nicht mehr zu den himmlischen Höhen. – Zum *aura*-Motiv vgl. 733 *auras* und 747 *aurai simplicis ignem.*

natürlich) den Himmel nicht mehr sehen.[66] Dem entspricht auch das Wort *caecus,* das hier aktivisch gebraucht ist und „blindmachend" bedeutet.[67] Wir übersetzen: „ihr Blick dringt nicht zur reinen Himmelsluft".

2.3.3 *Die Reinigung der Seelen (735–742)*

Selbst nach dem Tode ist die Entstellung durch den Körper nicht von den Seelen gewichen. Sie müssen für die Verbindung mit dem Körper, der von Erde ist (732 *terreni ... artus*), büßen.[68] Wenn das Auge sich für immer schließt, wenn das Leben mit dem Blick den Menschen verläßt, weicht nicht alles Übel von den Armen.[69] Die Krankheiten (737) verlassen die Seele noch nicht[70], sind wie angewachsen oder gar eingewachsen.[71] Die logische oder sachnotwendige Folge (739 *ergo*) ist, daß die Seele geläutert, durch Strafen gereinigt werden muß.[72] Die Befleckung durch das Irdische, die in der Seele ihre Zeichen hinterließ, ist der Beweis für frühere Vergehen (739 *malorum*), also für Untaten aus dem eben abgeschlossenen Leben.

---

66 SETAIOLI (vgl. Anm. 55) übersetzt sehr gut *dispiciunt:* „‚intravedono' attraverso il velo impenetrabile del corpo."

67 *clausae* (734) heißt es, als ob *animae* vorhergegangen wäre; so AUSTIN (vgl. Anm. 56), z. St.

68 TRÜMPNER (vgl. Anm. 26), 62. – 735 *quin* ist steigernd: der Körper wirkt sogar im Jenseits noch nach. *Non tamen* (736) ist eine harte Einschränkung im Zusammenhang damit.

69 *supremo lumine* auch: am letzten Tag des Lebens. – *cum* (735) ist Konjunktion. – *miseris* (erg. *animabus*) ist echter Ablativ zu *excedunt.*

70 *Omne malum* (736) ~ *omnes corporeae pestes.* Dasselbe ist *infectum scelus* (742).

71 Zu *concreta* vgl. 746 *concretam exemit labem.* TRÜMPNER (vgl. Anm. 26), 61, bemerkt, daß hier das Bild wechselt. An die Stelle des Lebewesens trete die Pflanze. Das Übel dringe wie ein Pfropfreis in die Seele ein. Man kann aber ebensogut von einem eingewachsenen Geschwür sprechen. Übersetzung: „Und nicht alle vom Körper stammende Verpestung geht von Grund aus fort, nein, es ist naturnotwendig, daß viele Schäden, die lange anwuchsen, erstaunlich tief ganz einwurzeln."

72 FORBIGER (vgl. Anm. 54), z. St., betont mit Recht, daß alle Seelen geläutert werden müssen; keine ist völlig rein dem Leben entkommen.

Die Lehre von der notwendigen Reinigung der Seelen ist zumindest seit Empedokles (frg. 115 D) belegt und wirkt bis heute in der Lehre vom Fegefeuer fort. Bei Vergil sind neben dem Feuer auch Wasser und Wind, also die Elemente außer der Erde, herangezogen.[73] Die Seelen werden dabei entweder in den Wind gehängt[74] oder tief in einen Fluß gesteckt, oder das reinigende Element des Feuers soll die irdische Schlacke aus ihnen herausbrennen. Gemeinsam ist allen Bildern und Verfahren die Absicht, durch das reine und reinigende Element der Seele die ursprüngliche Reinheit und Freiheit von körperlichen Einwirkungen wiederzugeben. Übersetzung: „den anderen wird im mächtigen Strudel der durch Ansteckung empfangene Schandfleck ausgewaschen oder durch Feuer ausgebrannt".

2.3.4 *Rückkehr der Seele in Elysium und Leben (743–751)*

Nun kommt der schwierigste Satz unserer Stelle: *Quisque suos patimur manes.* Um den Ausdruck zu verstehen, gehen wir von der lateinischen Grundbedeutung aus. *Manes* sind die Seelen der Verstorbenen.[75] Es sind zugleich kultisch verehrte Seelen, doch tritt dieser Bezug hier völlig zurück.[76] *Manes* ist der Teil des Menschen, der den Tod überlebt. Hier bedeutet das Wort

---

73 Die Erde kann nicht verwendet werden, da sie ja „irdisch" ist und die Seele beeinträchtigt hat (732 *terreni ... artus*). PICHON übernimmt von Servius die Erklärung (vgl. Anm. 58), Vergil erwähne hier reinigende Elemente der „Mysterien".

74 *panduntur* als Kreuzigung zu verstehen, ist abwegig. PAGE (vgl. Anm. 59), z. St., erklärt richtig „hung up, spread wide to the winds". – *Inanes* gehört zu *ventos*; KAPPES (vgl. Anm. 57) übersetzt fälschlich „körperlos" mit Bezug auf *aliae (animae)*.

75 HEYNE (vgl. Anm. 54) erklärt: *Soli ad inferos perveniunt manes.*

76 Auch den Begriff Daimon, den NORDEN (vgl. Anm. 15), 33, einführt, läßt man am besten beiseite, trotz der Befürwortung durch BOYANCÉ, P.: Les deux Démons personnels dans l'antiquité Grecque et Latine. In: Revue de Philologie 61 (1935), 189–202, der sogar an zwei Genien denkt, die uns zum Guten und Bösen treiben. BAILEY (vgl. Anm. 62), 277, besteht auf strikt römischem Wortgebrauch, wenn auch seine Übersetzung „we each of us suffer his own dead spirit ≈ suffer our existence as spirits" nicht zu treffen scheint, was Vergil gemeint hat.

noch ein wenig mehr: Es ist auch das Schicksal der Seele, das sie aufgrund ihres Wesens im Jenseits erduldet.[77] Vergil faßt also das Thema Strafen im Jenseits in einem knappen Ausdruck zusammen und will sagen, daß die Strafen und überhaupt das Schicksal, das der Seele nach dem Tode begegnet, die unmittelbare Folge ihres eigenen Wesens und der daraus resultierenden (guten oder bösen) Taten ist. Zu übersetzen ist: „Ein jeder erleidet das von seiner Seele verschuldete Schicksal."

Es liegt nahe, daß die Erklärer diesen Gedanken dann wieder schärfer gefaßt haben und vielfach von einer „Läuterung" im Jenseits, von „zukommender Behandlung", von „Strafen" gesprochen haben, wenn sie *manes* erklärt oder übersetzt haben.[78] So erklärt auch HENRY[79], jeder werde in der Unterwelt entsprechend seinen persönlichen „Umständen" behandelt; je unreiner er ist, desto länger dauert die Reinigung.[80] Alle haben also den Seelenzustand zu ertragen, den sie sich im Leben geschaffen haben und von dem sie sich in der Unterwelt in milderer oder strengerer Reinigung befreien müssen.[81]

77 In dieser Erklärung treffen drei englische Erklärer in etwa zusammen: Vergil, Aeneid VI. Commentary by FLETCHER, F. – Oxford 1962, z. St. erklärt „each endures his own ghost-liefe, Purgatory"; AUSTIN (vgl. Anm. 56): „each individual of us must endure his own individual ghosthood"; PAGE (vgl. Anm. 59): „we bear each one of us ... his own ghost and endure such things as befall that ghost".

78 BROSIN (vgl. Anm. 54) spricht von Läuterung, LADEWIG/SCHAPER/DEUTICKE (vgl. Anm. 51) von der „im Jenseits zukommenden Behandlung", PICHON erklärt (vgl. Anm. 58): jeder leide „selon les Mânes, selon la nature de son âme". – Weniger überzeugend PLESSIS/LEJAI (vgl. Anm. 57): „le traitement, que lui inflige ses Mânes (fällen die Manen ihr eigenes Urteil über sich selbst?). Sehr weitgehend SETAIOLI (vgl. Anm. 55), 221: „tutte noi dobbiamo subire il nostro inferno." – Mit TRÜMPNER (vgl. Anm. 26) *manes* als Objektsakkusativ zu *pati* mit „Strafen" zu übersetzen, kann ich mich nicht entschließen.

79 s. Anm. 54.

80 Ich bekenne, CONNINGTON/NETTLESHIP (vgl. Anm. 48): „we each suffer our own Death, i. e. state of death" nicht zu verstehen. Sie beziehen *manes* auf das Leben im Körper; das körperliche Element der menschlichen Natur sei *manes* oder Tod der Seele. Das verbietet aber doch der Zusammenhang.

81 Vgl. NORLIN, G.: The doctrines of the Orphic mysteries, with Special Reference to the Words of Anchises in Vergil's Sixth Aeneid 724–751. In: Classical Journal 3 (1907), 91–99; hier 95f.

Dann, nach dieser ersten, großen Reinigung, werden alle Seelen in das Elysium geschickt, das ein Ort weiterer Reinigung und der Vollendung der Reinigung ist. Nun jedoch erfolgt eine Unterscheidung der Seelen: Einige wenige bleiben – wie in einer Parenthese (*et pauci laeta arva tenemus,* „und nur wenige sind wir, die die Fluren der Freude dauernd bewohnen") gesagt wird – auf die Dauer im Elysium. Sie werden dort wohl auch noch eine weitere Reinigung erfahren, bis sie den endgültigen Zustand der Vollendung erreicht haben. Jedenfalls sind sie von Vergil deutlich denen gegenübergestellt, die nicht im Elysium auf die Dauer bleiben, sondern wiedergeboren werden.[82]
Alle Seelen bleiben nun zumindest so lange im Elysium, bis die eingewachsenen Spuren der alten Befleckungen endgültig beseitigt sind und der reine, aus dem Äther stammende Geist und das Feuer des reinen Lufthauchs ihren ursprünglichen Zustand wiedergewonnen haben.[83] Insoferne ist das Elysium auch ein Ort der Reinigung. Wie lange der „lange Tag" der Reinigung dauert, ist dabei unklar.
Alle diese Seelen, die Anchises dem Aeneas nun zeigt (748 *has*), mit Ausnahme der wenigen, ganz von der Wiederverkörperung befreiten, sind dazu bestimmt, in neue Körper auf Erden zurückzukehren. Dieser Vorgang tritt ein, nachdem sie tausend Jahre im Elysium geweilt[84] und „das Rad tausend Jahre gedreht haben". Mit diesem Ausdruck ist vorerst nur das „Rad der Zeit" gemeint;[85] sie haben tausend Jahre „durchgemacht".

82 Brosin (vgl. Anm. 54) erklärt *et* (744) fast als „aber" und weist darauf hin, daß *tenemus* von dauerndem Besitz gesagt ist.
83 Die beiden Ausdrücke meinen dasselbe und stellen das oben erwähnte Fünkchen des ewigen göttlichen Feuers in unserer Seele dar. Zu *aetherium ignem:* vgl. Vergil, Georgica, 4, 220: *partem divinae mentis et haustus aerios.* Es ist der stoische Nus.
84 Vgl. Platon, Politeia 615 A.
85 Heyne (vgl. Anm. 54) erklärt fein: *exegerunt tempus in orbem rediens.*

Es kann aber sehr wohl sein, daß Vergil den pythagoreischen Begriff des „Rades der Notwendigkeit“ anklingen läßt (κύκλος ἀνάγκης) oder sogar wegen der quälenden Reinigungsstrafen an eine Metapher „Folterrad“ denkt (?).
Der Gott, der die Seelen zum Lethestrom ruft, wird verschieden erklärt. Servius denkt an Hermes-Mercurius (vgl. Vergil, Aeneis IV,242), doch kann auch einfach die im Kosmos waltende „Gottheit“ (wie auch im Somnium Scipionis) gemeint sein.
Nun trinken die Seelen aus dem Lethestrom. Dadurch wird in ihnen ausgelöscht, was den Lebenswillen hemmen würde. Es wäre grausam, die Seelen ohne dieses Vergessen wieder in das Leben zurückzusenden.
Damit hat Anchises dem Aeneas den großen Rahmen erklärt, in dem das Leben der Welt und aller Menschen gefaßt ist. Nun kann er sein eigenes Leben und das gesamte Dasein besser verstehen und die eigene Sendung in die große Aufgabe der Reinhaltung der eigenen Seele und der Pflichterfüllung in einem letztlich kosmischen Sinne einordnen. Der Boden für neuen Willen zum Leben und zur Pflichterfüllung ist bereitet. Die anschließende Schau der künftigen Größe Roms wird ihn weiter ermutigen.

2.3.5 *Zum „Nachleben“ dieser Zentralstelle*

Hier sei nur kurz auf drei Nachwirkungen der behandelten Stelle hingewiesen. Vermutlich ist die Weltentstehungslehre bei Vergil bis zu einem gewissen Grade vorbildlich für die Lehre von der Entstehung der Welt in den Metamorphosen Ovids gewesen. Die zweite Wirkung, daß Vergil als der Führer Dantes im Jenseits auftritt, ist allbekannt. Weniger bekannt jedoch ist wohl das großartige Gedicht von Hermann Broch (vgl. Anm. 44):

Vergil in des Orpheus Nachfolge

Wer nur weiß was er weiß, kann es nicht aussprechen;
erst wenn Wissen über sich selbst hinausreicht, wird es zum Wort,
erst im Unaussprechbaren wird Sprache geboren.
Und es muß der Mensch, da ihm das Göttliche auferlegt ist,
stets aufs neu die Grenze überschreiten und hinabsteigen
zu dem Ort jenseits des Menschhaften, ein Schatten
am Ort des wissenden Vergehens, aus dem Rückkehr schwer wird
und nur wenigen gelingt.
Aber die Gestaltung der Irdischkeit ist jenen aufgetragen,
die im Dunkel gewesen sind und dennoch sich losgerissen haben
orphisch zu schmerzlicher Rückkehr.

Tafelbild zu Vergil, Aeneis VI 724–751

Vorgänge	**Wirkungen und Wirkkräfte**
1. Der GEIST (Logos, Feuer, semina) belebt und formt die MATERIE.	Himmel, Erde, Meer, Mond, Sonne; Menschen, (Land-)Tiere, Vögel, Fische *(724–729; 6 Verse)*
2. Die MATERIE jedoch behindert den GEIST.	Affekte, Verdunkelung der Seele, Körper als Kerker *(730–734; 5 Verse)*
3. Selbst der Tod befreit den GEIST nicht von den Beschädigungen durch die MATERIE.	„Es ist naturnotwendig, daß viele Schäden, die lange anwuchsen, erstaunlich tief ganz einwurzeln.“ *(735–738; 4 Verse)*
4. Erst die Strafen im Jenseits befreien den GEIST und reinigen ihn.	Reinigung durch die Elemente Wind, Wasser, Feuer *(739–747; 9 Verse)*
5. Nach langer Zeit stellt sich der göttliche Funke (GEIST) wieder rein dar; neues Leben beginnt.	„Die lange Zeit, wenn die Frist sich gerundet hat“ *(748–751; 4 Verse)* *6 + (5 + 4) + 9 + 4 Verse: 6, 9, 9, 4*

3. Ovid

Philemon und Baucis (Metamorphosen VIII 612–726)

3.1 Didaktisch-methodischer Rahmen der Ovid-Lektüre

Goethe meint in „Dichtung und Wahrheit" zu einer „Schullektüre" der Metamorphosen, daß für jede Phantasie nichts erfreulicher sein könne, als in jenen heiteren und herrlichen Gegenden (Ovids) mit Göttern und Halbgöttern zu verweilen,[1] und wirklich ist Ovid als Schulautor in allen Jahrhunderten beliebt gewesen. Es fehlt auch nicht an didaktischen und methodischen Begründungen und Hinweisen zur Lektüre der Metamorphosen.[2]

3.1.1 *Die Lektüre der Metamorphosen*

Im Grunde werden immer wieder gleiche oder ähnliche Gründe für die Lektüre genannt: Der Schüler soll Mythologie und Sage kennenlernen, soll kulturgeschichtliches Interesse entfalten und Freude an lateinischer Poesie gewinnen.[3] Übereinstimmung herrscht auch darin, daß dem Schüler die große Kunst und Poesie in der Ausgestaltung der einzelnen Bilder und in

---

1 Dichtung und Wahrheit, 2. Teil, 10. Buch, zitiert bei STROH, W.: Ovid im Urteil der Nachwelt. – Darmstadt 1969, 99.

2 Gute Hinweise zum Problem einer didaktischen Begründung der Lektüre der ovidischen Metamorphosen bei VÖGLER, G.: Der Begriff der „Metamorphose" bei Ovid. In: AU 18,1 (1975), 19–36, hier 19f.; Lernziele der Ovidlektüre nennt auch CLADE, R.: Menschlicher Wille und göttliche Ordnung. In: AU 23,3 (1979), 39–56; hier 41f. – Den didaktischen Rahmen der Ovid-Lektüre schildert auch MAIER, F.: Ovid: Dädalus und Ikarus. Auxilia 2. – Bamberg 1981, 5–9. – Ältere methodische Gesichtspunkte bei LANGE, A.: Methodischer Lehrer-Kommentar zu Ovids Metamorphosen. – Gotha 1892.

3 Diese nennt z. B. SOFER, E., Ovid. In: Methodik des Unterrichts in der lateinischen Sprache (hrsg. von SCHEINDLER, A.). – Wien 1913, 252–265; hier 252.

ihrer Verknüpfung zu einem Ganzen nahegebracht werden muß.[4] Allerdings schränkt FRIEDRICH MAIER den Optimismus hier ein; er bezweifelt, daß sich für den Schüler die großen Strukturlinien nachzeichnen lassen.[5] Immerhin wird man darlegen, daß Ovid auf Kontrast und Wechsel in der Atmosphäre (Pathos und Ethos) achtet, daß sein Werk in drei Pentaden gegliedert, chronologisch aufgebaut und durch Rahmenerzählungen verbunden ist.[6]
Weiterhin soll aus dem mythischen Kern der gelesenen Episode die anthropologische Wahrheit herausgeholt werden,[7] die Mythen sind Sinnbilder menschlicher Erfahrung und Weltdeutung, und der Einblick in das Wesen der Metamorphose führt hin zu den Grundfragen menschlicher Existenz. Mit Recht drängt frühere und moderne Methodik auch auf einen Rückblick am Ende der Lektüre eines Stückes, bei dem die Disposition, die Entwicklung der Handlung und ihre einzelnen Stufen deutlich werden sollen.[8]

3.1.2 *Die Lektüre der Philemon- und Baucis-Episode*

Vielfach wird die Lektüre der Philemon- und Baucis-Episode empfohlen, die als „ethischer" Gegensatz von Ovid zu den „pathetischen" und tragischen Szenen gedacht ist, die das Geschehen um Meleagros und Herakles beenden. Sie gilt als

4 SOFER (vgl. Anm. 3), 262; (man soll) zeigen, wie kunstvoll der Dichter die Einzelbilder zu einem bunten Teppich zusammenwebt; so BRUHN, E.: Altsprachlicher Unterricht. – Leipzig 1930, 84f. – Aufbau und Anlage des Ganzen und die dichterischen Mittel Ovids, dazu Gliederung und Grundgedanken will darstellen AHRENS, E.: Lateinausbildung im Studienseminar. – Frankfurt 1963, 115f.

5 MAIER, F.: Lateinunterricht zwischen Tradition und Fortschritt. Bd. 2. – Bamberg 1984, 203f.

6 Vgl. RIEKS, R., Zum Aufbau von Ovids Metamorphosen. In: Würzburger Jahrbücher NF 6b (1980), 85–109; hier 87f. – LUDWIG, W., Struktur und Einheit der Metamorphosen Ovids. – Berlin 1965.

7 MAIER (vgl. Anm. 5), 204.

8 LANGE (vgl. Anm. 2), 43; MAIER (vgl. Anm. 5), 204.

einer der den jugendlichen Leser höchst sympathisch berührenden Abschnitte, „hervorragend durch poetischen und ethischen Wert".[9] Philemon und Baucis stellen ein Bild echter Gastfreundschaft dar und verkörpern wahre *pietas*.[10] Man lobt auch die Veranschaulichung des patriarchalisch-idyllischen Zustandes und hofft, der Schüler werde von der Erzählkunst des Dichters gefangen.[11] Höchste Anschaulichkeit in der Darstellung des Sichtbaren durch das Wort liegt ja in der Tat vor.[12] Der jüngste methodische Ansatz geht von einer Umsetzung der Episode ins Filmbild aus und gewinnt dabei nützliche Interpretationsansätze.[13]

3.2 Die fünf Voraussetzungen einer Lektüre der Episode

Bevor man – sprachliche Kenntnisse vorausgesetzt – die Episode liest, müssen fünf Fragen behandelt oder gar geklärt sein. Ohne eine solche Vorbesprechung wird die Lektüre nicht zum gewünschten Verständnis führen.

---

9 Lange (vgl. Anm. 2), 18.

10 Allein Krüger, M. (Methodik des altsprachlichen Unterrichts, neu bearbeitet von G. Hornig. – Frankfurt 1959, 175f.) macht Einwände: es sei schwierig, die Geschichte am neusprachlichen Gymnasium „selbst Obersekundanern genießbar zu machen".

11 Patriarchalische Zustände: Cramer, F.: Der Lateinische Unterricht. – Berlin 1919, 408. – Zur Erzählkunst vgl. Clade (vgl. Anm. 2), 39.

12 v. Albrecht, M., Dichter und Leser am Beispiel Ovids. In: Gymnasium 88 (1981, 222–235; hier 232) beweist, wie wichtig es für Ovid ist, dem Leser das Verständnis der Erzählung zu erleichtern; so wird z. B. bereits im Übergang zur Erzählung von Philemon und Baucis das neue Thema genannt (8, 618f.).

13 Hohnen, P.: Philemon und Baucis. Zur Methodik einer Metamorphosen-Lektüre. In: AU 28,1 (1985), 16–26; hier 20f. Richtig der Ansatz „Lohn für Bewährung". Vögler (vgl. Anm. 2), 25, weist auf den mehrfachen Vergleich unserer Episode mit der Verwandlung der lykischen Bauern in Frösche hin. – Vgl. auch insgesamt Römisch, E.: Ovid. Die Lektüre der Metamorphosen im Unterricht. In: Interpretationen lateinischer Schulautoren mit didaktischen Vorbemerkungen (hrsg. von Krefeld, H.). – Frankfurt 1968, 161–180.

3.2.1 *Die Metamorphose*

Für Ovid ist die gesamte Welt und deren geschichtliche Entwicklung ein Werk der Metamorphose.[14] Das ganze Dasein befindet sich in einem ständigen Prozeß der Veränderung und Wandlung. Dieser in etwa heraklitische Gedanke wird verbunden mit der pythagoreischen Ansicht von der Metempsychose, der Seelenwanderung.[15] Die Verwandlung offenbart und bewahrt zugleich den innersten Kern eines Wesens, indem sowohl die alte wie die neue Erscheinungsform bei Wandlung der äußeren Gestalt und Form den qualitativen Kern des Einzelwesens bewahren. Man muß also, um eine Metamorphose verstehen zu können, fragen: Was verwandelt sich nicht, sondern lebt als wesensbestimmend weiter?[16] Die Metamorphose ist demnach Vollzug einer Gerechtigkeit, die jedem das Seine zuteilt, Strafe oder Gnade.[17] So auch bei Philemon und Baucis.

Auch hier enthüllt die Metamorphose den inneren Wesenskern. Sie haben sich als gerecht und gastfreundlich bewährt, und so wird die Metamorphose zum Lohn. Doch passen anfangs bei ihnen Wesen und Gestalt ohnedies zueinander, so daß

---

14 Ribbeck, O.: Geschichte der römischen Dichtung, Bd. 2. – Stuttgart 1889, 289.

15 Dabei ist die Frage, ob bei der Metamorphose wirklich die Seele weiterlebt; vgl. Dörrie, H.: Wandlung und Dauer. Ovids Metamorphosen und Poseidonios' Lehre von der Substanz. In: AU 4,2 (1961), 104: Bei Ovid stehe kein Wort davon, daß die Seele fortlebt.

16 Wenn man dies doch als Unsterblichkeit der Seele auffaßt, kann man sagen, daß Ovid dem Christentum eine Möglichkeit der Kontinuität des Bewußtseins vom Wesen der Seele eröffnet hat. Vgl. auch Stettner, W.: Die Seelenwanderung bei Griechen und Römern. – Stuttgart 1934.

17 Mommsen, P.: Philosophische Propädeutik an den „Metamorphosen" des Ovid. In: AU 28,1 (1985), 27–41, weist auf den Begriff οὐσία, scholastisch „essentia" hin, der hier zugrunde liegt; dort, S. 39f., zum ontologischen Ansatz überhaupt. – Vögler (vgl. Anm. 2), 33, betont die zielstrebige Ausrichtung der einzelnen Bauelemente bei Ovid auf die Metamorphose hin. – Im Unterricht kann man von zwei Ausgangspunkten her die Metamorphose erschließen: Von der Beobachtung des Alterns bei (zumeist) Beibehaltung charakterlicher Grundzüge und von der Sehnsucht des Menschen nach Verwandlung, aber auch seiner Furcht davor.

sie vorerst nicht verwandelt werden. Ihre Art wird nur durch die Berufung zu Tempeldienern verdeutlicht.[18] Die Verwandlung im Tode verewigt sodann den Wesenszug ihrer Zweisamkeit und die Funktion als Tempelwächter.[19] Aber schon die Verwandlung ihrer Hütte in einen Tempel offenbart den wahren Geist des Hauses, während andererseits die Umwandlung der ungastlichen Hütten und Häuser in ein Sumpfgebiet deren wahres Wesen enthüllt.

3.2.2 *Götter auf Erden*

Daß Gott oder Götter auf die Erde kommen, ist eine Vorstellung, die sich sowohl im Alten Testament wie im griechischen Mythos findet. Der Grund für solchen Glauben liegt letzten Endes darin, daß man sich wünscht, daß die Gottheit auf Erden ‚nach dem rechten sieht' und für Gerechtigkeit sorgt. Das Motiv der wandernden Götter[19a] verknüpft sich dann mit dem der Herbergsuche wie in unserer Episode. Die ruchlose Nachbarschaft muß denn auch schwer büßen. Es ist nämlich so, daß die Gastfreundschaft hier stellvertretend für gerechtes Handeln gegenüber Göttern und Menschen überhaupt steht; dies entspricht dem hohen Wert der Gastfreundschaft in der Antike. Philemon und Baucis bestehen ihre Probe glänzend; sie sind eben gerechte Menschen, die mit den Adjektiven *pius* und *iustus* geehrt werden.

---

18 Dies ist vorzüglich dargestellt bei CLADE (vgl. Anm. 2), 46. Ihm bin ich auch im weiteren verpflichtet.

19 Ähnlich DÖRRIE (vgl. Anm. 15), 101. – Nicht klar ist, ob VÖGLER (vgl. Anm. 2), 33, recht hat, die erklärt, die Bäume seien göttliche Wesen, und Philemon und Baucis würden durch die Verwandlung auch als solche anerkannt. Ob man wirklich vom „Recht auf eine höhere Existenzstufe" sprechen kann? Bäume sind nicht mehr als Menschen.

19a Über Reisen als helfendes Motiv vgl. RIBBECK (vgl. Anm. 14), 293. – Zum AT vgl. 1. Buch Mose 18.

3.2.3 *Lokal- und Flutsagen, Baumkult*

Bei dem Reichtum der griechischen Phantasie gab es eine große Menge lokaler Mythen und Sagen, die zwar nicht im allgemeinen Bildungsschatz aufgehoben waren, jedoch von den Lokalhistorikern gesammelt wurden. Der Hellenismus mit seiner Gelehrsamkeit und antiquarischen Forschungsarbeit ließ es sich dann angelegen sein, solche seltenen Sagen zu sammeln und als erlesenen Schmuck poetischer Werke zu verwenden. In der Tat gab es in Phrygien eine Lokalsage, nach der dort Götter auf Erden wandelten, insbesondere Zeus und Hermes.[20] Als Paulus und Barnabas Lystra besuchen und Paulus einen Gelähmten heilt, nennen die Menschen sie sogleich Zeus und Hermes.[21] Es ist auch nicht ausgeschlossen, daß es eine einschlägige Tempelmythe dieser Art gegeben hat.[22] Hinzu kommt, daß es auch in Kleinasien einen gewissen Baumkult gab.[23] Bäume wurden kultisch verehrt und durch Mauern mit einem heiligen Bezirk (Temenos) versehen.[24]

Weiterhin gab es neben den vielen Flutsagen des Altertums von Gilgamesch und dem Alten Testament an bis zur griechischen

---

20 Für die kultische Verbindung Zeus-Hermes fanden sich inschriftliche Belege auf kleinasiatischem, auch auf phrygischem Boden; vgl. Hunger, H.: Lexikon der griechischen und römischen Mythologie. – Wien 1953, 270. – Beide finden sich auch gelegentlich zusammen auf kleinasiatischen Inschriften, vgl. Malten, L.: Motivgeschichtliche Untersuchungen zur Sagenforschung. 1. Philemon und Baukis, In: Hermes 74 (1939), 176–206; 75 (1940), 168–176; hier 168f.

21 Vgl. Apostelgeschichte 14, 8f. – Zu betonen ist, daß es sich nicht um Phrygien handelt, doch werden solche Sagen auch „gewandert" sein.

22 Dies vermutet Frenzel, E.: Stoffe der Weltliteratur. – Stuttgart ^{3}1970, 601. – Eine Quellenanalyse der Sage auch bei Bieler, L.: Geschichte der römischen Literatur. Bd. 2. – Berlin 1961, 71.

23 Zu heiligen Bäumen in Kleinasien vgl. Ovid, Metamorphosen, Book VIII (hrsg. von Hollis, A. S.). – Oxford 1979, 109. Auch Hunger (vgl. Anm. 20) vermutet Anknüpfung an einen bestehenden Baumkult.

24 Zum Baumkult vgl. Hohnen (vgl. Anm. 13), 24.

Sage eine altphrygische Flutsage[25], die vielleicht in unserer Geschichte durchschimmert. Auf jeden Fall ist diese Strafflut eine Parallele zur großen Sintflut (1,327), die ebenfalls dem Zorn des Jupiter zugeschrieben wird.[26] Woher Ovid seinen Stoff nun im einzelnen hatte, ist unbekannt.

3.2.4 *Epyllion und Idylle*

Das kleine epische Gedicht, das einen eng begrenzten Ausschnitt der Heldensage mit sorgfältiger Technik behandelt, war eine Lieblingsgattung der hellenistischen Dichter. Dabei entfernte man sich von der Erhabenheit des älteren Epos zu einer anheimelnden Kleinmalerei des täglichen Lebens.[27] Diese Neigung zur zierlichen Kleinmalerei findet sich auch in der anschaulichen, „mit holländischer Manier ausgeführten" Schilderung des bescheidenen Hauswesens in unserer Episode.[28] Dabei vermischten sich im Hellenismus die Gattungen etwas, indem die alte epische Objektivität mit der modernen Subjektivität der Elegie verbunden wurde, doch hat Ovid im ganzen subjektive Elemente aus den Metamorphosen weitgehend

25 Altphrygische Flutsage beim Lokalhistoriker Hermogenes, über Phrygien: Malten (vgl. Anm. 20), 186. – Mit einer Bewirtung der beiden Engel durch Lot ist die Zerstörung von Sodom und Gomorrha verbunden, 1. Buch Mose 19.

26 Die Behandlung von Doppelmotiven bei Ovid ist wohl noch zu untersuchen. Fränkel, H. (Ovidius. A Poet between Two Worlds. – Los Angeles 1945, 77) weist auf echoartige Stellen bei Ovid hin. – Zum Zorn Jupiters Doblhofer, E.: Ovidius urbanus. In: Philologus 104 (1960), 63–91; hier 75f.

27 So auch in der „humoristisch-idyllischen Episode" von Philemon und Baucis; vgl. Kroll, W.: Studien zum Verständnis der römischen Literatur. – Stuttgart 1924, 215.

28 So Ribbeck (vgl. Anm. 14), 301. – Ovid hatte eben „alle Stilformen auf der Palette": Kraus, W.: Ovidius Naso. In: RE 18,2, 1910f. – S. auch Huber, J.: Lebensschilderung und Kleinmalerei im hellenistischen Epos. – Solothurn 1926, 69f. – Über das ganze Idyll ist „Ethos" ausgegossen: Stroux, J.: Ovids Metamorphosen und ihre Behandlung in der Schule. In: Ovid (hrsg. von v. Albrecht, M./Zinn, E.). – Darmstadt (WdF) 1968, 315–321; hier 318.

ferngehalten.[29] Insgesamt ist aber sein Werk aus einer Fülle von Kleinepen zusammengesetzt,[30] doch achtet Ovid streng darauf, daß dennoch alles auf eine zusammenhängende Lektüre abgestimmt ist.

Für die Gestaltung der Philemon- und Baucis-Episode griff Ovid auf Farben und Züge zurück, die Kallimachos verwendet hatte, als er die Einkehr des Heros Theseus bei dem guten alten Weibchen Hekale in ihrer gastfreundlichen Hütte beschrieben hatte. Die liebevolle Kleinmalerei, mit der Hekales Armut und die dürftige Bewirtung geschildert waren, hat über Ovid bis zu Goethes Faust II gewirkt.[31]

Zugleich ist unsere Episode eine Idylle. Die (bukolische) Idylle der Antike pries in erschütterten Zeiten das ungestörte Landleben und seine Einfachheit im Gegensatz zur Stadt und dem Kriegshandwerk. Man malte einen einfachen, unschuldsvollen Zustand, cinc Art von Goldenem Zeitalter, als Gegenstand der Sehnsucht und zum eigenen Troste.[32] Ähnlich hat das 19. Jahrhundert eine Neigung zur Idylle, die als poetisches Reich gegen die Mächte der Industrialisierung und Technisierung schützen

---

29 Herter, H.: Ovids Kunstprinzip in den Metamorphosen. In: American Journal of Philology 69 (1948), 129–148; hier 131. Auch in: Ovid (vgl. Anm. 28), 340–361. – Daß Ovid sich mehr an das ältere Epyllion ohne persönliche Einmischung des Dichters hält, betont auch Martini, E.: Einleitung zu Ovid. – Darmstadt 1970, 32f.

30 So Klotz, A.: Geschichte der römischen Literatur. – Bielefeld 1930, 203.

31 v. Wilamowitz-Moellendorff, U.: Hellenistische Dichtung, Bd. 1. – Berlin 1924, 188f. – Norden, E.: Die römische Literatur. In: Einleitung in die Altertumswissenschaft (hrsg. von Gercke, A./Norden, E.). – Leipzig 1910, Bd. 1, 508, spricht von Eironeia bei Kallimachos (?). – Bieler (vgl. Anm. 22), 71, weist darauf hin, daß Ovid auch aus der Molorchosgeschichte der Aitia des Kallimachos einen Zug entlehnt habe. – Zum Thema des hellenistischen Einflusses auf Ovid und seine Modifikation durch Ovid vgl. Galinsky, K.: Ovid's Metamorphoses. – Oxford 1975, 1f. – Daß Ovid mit den beiden Alten Mitleid erregen wolle *(miseratio)*, behauptet fälschlich Guillemin, A.: Ovide et la vie paysanne. In: Ovidiana (hrsg. von Herescu, N.). – Paris 1958, 317–323; hier 320.

32 Mit Recht erwähnt „patriarchalisch-idyllische Zustände" in unserem Idyll Dettweiler, P.: Didaktik und Methodik des lateinischen Unterrichts. – München 1914, 127. Merkwürdigerweise spricht nur von einem Genre-Gemälde Wilkinson, L. P.: Ovid Recalled. – Cambridge 1955, 186.

soll. Philemon und Baucis nun erinnern wirklich an das Goldene Zeitalter. Dazu gehört ihre Bedürfnislosigkeit,[33] die Gleichwertigkeit der Geschlechter, das Fehlen von Sklaverei. Ovid hat mit guter Kenntnis der Einzelheiten das ländliche Leben sehr lebendig geschildert, dabei freilich ein wenig römische Interpretation in das Gemälde gebracht.[34] Die Breite der Schilderung dient dabei der Evokation des Goldenen Zeitalters. Allerdings besteht hier eine Gefahr: Der so oft gepriesene Humor Ovids, „der sich als feinverteiltes Element atmosphärisch über viele Partien ausbreitet und der so wohltuend im Gedächtnis des Ovidlesers auftaucht, wenn etwa die Erinnerung an Philemon und Baucis erwacht",[35] die *perpetua festivitas* Ovids, wirkt nicht sehr überzeugend für den Ernst dieser Goldenen Zeit. Man könnte überspitzt fragen, ob nicht Ovids Humor auch den Trost gefährde, der in der sonst so anheimelnden Darstellung seiner Idylle liegt.

3.2.5 *Exemplum pietatis*

Die Episode bildet für den Leser auch ein Beispiel, *exemplum*. Wir wissen, daß in Rom Moral, Lebensklugheit, Lebensbewältigung, beispielhaftes Verhalten besonders gerne neben mündlicher oder geschriebener Lehre in der Form von Beispielen überliefert wurden. Diese Beispiele besaßen eine mächtige Autorität, wirkten gelegentlich sogar beinahe zwanghaft verpflichtend. Ein solches Beispiel für moralische Integrität und Gastfreundschaft, ein Beispiel auch für die Belohnung durch

33 Es ist dies das *paupertas*-Motiv der augusteischen Epoche mit seinem antizivilisatorischen Akzent, das Ideal des „einfachen Lebens"; so Hohnen (vgl. Anm. 13), 19.

34 Malten (vgl. Anm. 20), 182f., verweist auf das römische Gepräge des Ganzen, z. B. in der Mahleinteilung usw.

35 Zitat aus Zinn, E.: Elemente des Humors in Augusteischer Dichtung. In: Gymnasium 67 (1960), 41–56; hier 53f. – Über den augusteischen Kontext der Episode s. auch Due, O. St.: Changing Forms. Studies in the Metamorphoses of Ovid. – Kopenhagen 1974, 80.

die Götter, legt Ovid uns vor. Die beiden Alten zeichnen sich durch *pietas* aus, d. h., sie erfüllen ihre Pflichten gegenüber den Mitmenschen und den Göttern in mustergültiger Weise. Darin liegt auch Gerechtigkeit einbeschlossen, die „jedem das Seine" zuteilt. Mit Sicherheit war Ovid sich bewußt, daß er hier ein solches Exemplum lieferte, denn die Einleitung der Episode beweist, daß der Erzähler einen Ungläubigen durch ein belegtes Beispiel zur Umkehr bewegen will. Insoferne weist die Episode einen echt römischen Zug auf.

3.3 Die Interpretation der Episode VIII 616–726

3.3.1 *Einleitung und Motto (616–625)*

Theseus ist beim Flußgott Acheloos eingekehrt, und dort werden vier umfängliche Metamorphosen vorgetragen, deren zweite wir besprechen. Peirithoos hat über die Götter gespottet, und Lelex stellt ihm als Gegenbild göttlicher Macht die Philemon- und Baucisgeschichte vor.[36] Alle sind vorerst erstarrt über die frevelnden Worte des Peirithoos.[37] Der alte Lelex aber verficht die Macht der Götter und umreißt damit den Rahmen der folgenden Erzählung. Er ist ein älterer, gereifter Mann.[38]

---

36 Ribbeck (vgl. Anm. 14), 291, zur Kunst der Übergänge und Anknüpfungen; häufig ist Gegenbildlichkeit erstrebt, und so folgt dem Idyll von Philemon und Baucis die schlimme Erzählung vom Götterverächter Erysichthon. Herter (vgl. Anm. 29), 137, sagt, die Verknüpfung sei manchmal so wichtig, daß sie die Gestaltung der Sagen selbst beeinflusse. – Zum Wechsel von Ernst und Heiterkeit im Aufbau der Metamorphosen vgl. v. Albrecht, M.: Ovids Humor. Ein Schlüssel zur Interpretation der Metamorphosen. In: AU 6,2 (1963), 47–72; hier 69f.

37 v. Albrecht (vgl. Anm. 12), 229, bespricht die Bewußtheit des Publikumsbezuges bei Ovid, besonders in Buch 6–8, wo größere Zuschauergruppen auftreten.

38 Auch v. 722 scheint Alter eine Art von Qualitätsmerkmal zu bedeuten, wie auch bei den beiden Hauptpersonen. Die Vorstellung der „gereiften" Persönlichkeit (617) ist entstanden aus der stoischen Lehre vom „Voranschreitenden" *(prokopton)* ebenso wie aus der Lebenserfahrung. Lelex ist aber auch fromm und versteht das Wesen der Götter. Zu Lelex vgl. Otis, B.: Ovid as an Epic Poet. – Cambridge ²1970, 201; der „Wanderer" in Faust II ist Lelex.

Beinahe polemisch betonend stellt er das Wort „unermeßlich“ (618) für die Göttermacht voran.[39] Was sie wollen, ist schon geschehen,[40] und dafür erzählt er ein Beispiel, doch tritt diesem Thema der göttlichen Allmacht ebenso stark der Bezug des Lohnes für Frömmigkeit bei, wie auch die rahmende Schlußbemerkung des Lelex (724) beweist.

Der Hörer soll nicht zweifeln (620); damit leitet Lelex eine sog. Beglaubigungsformel ein,[41] zu der auch die Betonung der Autopsie gehört.[42] Lelex hat die Bäume gesehen, in die Philemon und Baucis verwandelt wurden; sie sind von einer Temenos-Mauer umgeben.[43] Lelex war von Pittheus, dem Sohn des Pelops und Vater der Aithra (Mutter des Theseus), nach Phrygien gesandt worden, in dem Pelops früher geherrscht hatte, bevor er in die Peloponnes kam.[44] Das Temenos liegt vom Wasser entfernt und erhöht (624 *hinc*), und dort, wo das Wasser jetzt ist, war einst bewohnbares Land.[45]

---

39 *Finem non habet* (618) ist wohl nur Ausmalung davon, keine eigene Qualität.

40 *Quicquid* etc. sei ein hymnischer Ausdruck, vgl. BÖMER, F.: Ovid, Buch 8–9. – Heidelberg 1977, z. St. – *et* ist eigentlich mit „sondern“ zu übersetzen. – *peractum est:* mit dem Gedanken ist das Gewollte schon geschehen. Es ist ein Perfekt der Erfahrung („gnomisches“ Perfekt).

41 Der Konjunktiv *dubites* beweist den missionierenden Charakter des Exemplums. *dubitare* ist Haltung des Freigeistes.

42 *Vidi* ist das bekannte *vidi* der Zeugen göttlicher Wunder. – In v. 721 wird die Geschichte selbst beglaubigt, hier vorerst nur der Ort und die Bäume.

43 Baucis ist die Linde, Philemon die Eiche. Mauern um Bäume bezeugen die antike Ehrfurcht vor der Natur. – Auf die Örtlichkeit wird rahmend zurückgegriffen v. 721 ff. Übrigens steht der Tempel anscheinend nicht mehr; ist er nach der Verwandlung von Philemon und Baucis verschwunden oder verfiel er im Lauf der Zeit und nur mehr die Bäume blieben erhalten, übrigens auch sie schon mitgenommen (720 *truncos*)?

44 Mit Sicherheit liegt hier eine alte Wandersage zugrunde. – *parenti* (623) ist dat. auctoris.

45 Zugrunde liegt die Erfahrung der Antike von Überflutungen u. ä. – 624/625 *olim/nunc* malt im Chiasmus die krasse Wende des Schicksals. – *celebris* (625) gilt für Menschen und Tiere, *habitabilis* nur für Menschen. Aber die Menschen sind dort vertrieben.

3.3.2 *Jupiter und Merkur. Philemon und Baucis (626–636)*

Zu dem Landstrich, wo nun der See liegt (*huc* 626) kam Jupiter, vermutlich zur Prüfung der Menschen.[46] Mit ihm wandert Merkur, ohne Botenstab und Flügelhut oder Flügelschuhe.[47] Sie versuchen bei tausend Häusern vergeblich, Gastfreundschaft zu erhalten.[48] Tausend Häuser bleiben verschlossen. Die übertriebene Zahl, verbunden mit dem Parallelismus, offenbart die Hartherzigkeit und *impietas* der Menschen. *Una* (629) steht dazu im scharfen Kontrast, eine ärmliche Hütte, die vielleicht an die *casa Romuli* auf dem Palatin erinnert.[49] Hier wohnen die beiden Alten in bescheidenen Verhältnissen.[50] Sie schämen sich auch ihrer beengten Lage nicht, tragen sie offen zur Schau und ertragen sie mit Gleichmut.[51] Es macht auch keinen Unter-

---

46 Ovid sagt nicht, weshalb Jupiter wanderte, verkürzt das für ihn Unwesentliche scharf. Der Leser soll das erschließen.

47 Merkur ist Sohn des Zeus, der sich der Nymphe Maia auf dem Berg Cyllene verband. Bömer (vgl. Anm. 40), z. St., denkt an den geflügelten Hut *(petasus)* und Stab des Merkur, andere an die Flügelschuhe. – Galinsky (vgl. Anm. 31), 199, findet einen humoristischen Gebrauch des festen homerischen Attributes *caducifer* darin, daß es von Merkur gebraucht wird, obschon er die Flügel gerade abgelegt hat. Hinter der menschlichen Form steckt eben immer noch der Gott.

48 Das Göttliche findet vorerst keinen Platz in der Welt; nur die „Einfachen" nehmen es auf. – *petere* ist auch „bitten" (vgl. Cicero, Tusc. 5,2,5 *a te opem petimus*). – *locum requiemque* ist ein echtes Hendiadyoin: „ein Ort zum Ruhen". – Die Zeit der Ankunft der Götter ist auch in ähnlichen Mythen der Abend, vgl. P. Ovidius Naso, Metamorphosen. Erklärt von Haupt, M./Korn, O., Neuausgabe von v. Albrecht, M. – Berlin 1966, z. St.

49 Strengen Kontrast sieht Anderson, W.: Ovids Metamorphoses. Books 6–10 mit Kommentar. – Oklahoma 1972, z. St. – Merkwürdigerweise stehen die Häuser im Mittelpunkt, nicht die Bewohner, und in der ganzen Episode sind häufig Dinge anstelle der Menschen aktiv, z. B. *serae* 629, *testa* 662 usw. – Übrigens sind die Häuser nicht nur aus Bosheit versperrt; schließlich braucht man in dieser Gegend auch einen Hofhund oder -wächter (684). – An die *casa Romuli* erinnert Hollis (vgl. Anm. 23), z. St.

50 *paupertas* ist nicht „bittere Armut".

51 Zu *fatendo* erg. *se pauperes esse;* vgl. Die Metamorphosen des P. Ovidius Naso. Erklärt von Magnus, H. – Gotha 1885, z. St. – Ebenso ist *effecere sibi levem* zu ergänzen. – 633 ist durch Alliteration, Anapher und Endreim geschmückt, um die innere und äußere Gemeinsamkeit der beiden zu untermalen; vgl. Naumann, H.: Ovid und die Rhetorik, In: AU 11,4 (1968), 69–86. – *nec iniqua* = *et mente non iniqua,* mit Zufriedenheit, Gleichmut; vgl. P. Ovidius Naso (hrsg. von Siebelis, J./Stange, O.). – Leipzig 1909, z. St.

schied, ob man in ihrem Hause Herren oder Diener sucht: sie sind beides.[52] Philemon bedeutet etwa „Der Liebende", Baucis vielleicht „Die Zärtliche", so daß in beiden Namen schon die gegenseitige Zuneigung ausgesprochen ist. Ovid legt auch großen Wert auf eine durchgehende Parallelität bei den beiden: Sie sind gleich alt, gleichberechtigt, gleich fromm, gleich arbeitsam, bestehen die Prüfung ihrer *pietas* in gleicher Weise, haben den gleichen Wunsch gemeinsamen Todes. Ihr Beruf ist nicht genannt; sie werden kleine Hirten oder Häusler sein.[53]

3.3.3 *Die Götter als unerkannte Gäste. Vorbereitungen zur Mahlzeit (637–650)*

Die Götter[54] kommen zum Haus von Philemon und Baucis, treten, wohl wegen der Kleinheit des Hauses, gebückt ein und werden gleich mit der Höflichkeit des Herzens gebeten, Platz zu nehmen.[55] Von da an wird in starkem Parallelismus geschildert, wie sich die Alten um ihre Gäste bemühen.[56] Die Gemeinsamkeit der Gesinnung führt zu gemeinsamem Handeln. Baucis bläst die warme Asche zur Glut an.[57] Für sich selbst hätten die beiden wohl keine warme Mahlzeit gekocht.[58] Der gute Wille kommt besonders im greisenhaft schwachen Anblasen

---

52 Hier wird der Leser einbezogen (*requiras* 635). Auf *refert* folgt eine abhängige Doppelfrage.

53 *domus* werde hier „leicht spielerisch" gebraucht, erläutert Bömer (vgl. Anm. 40), z. St. – Auch in dem Satz *nec refert* etc. (635) findet man einen humoristischen Ton, vgl. Frécaut, J. M., L'Esprit et L'Humour chez Ovide. – Grenoble 1972, der (45) aus La Fontaine, Philemon et Baucis, zitiert: Eux seuls ils composaient toute leur république.

54 Anderson (vgl. Anm. 49), z. St., weist darauf hin, daß *caelicolae* ein archaischer Ausdruck ist; Ovid mag ihn gewählt haben, um die Majestät der Götter zu erhöhen.

55 *tetigere* würde ich nicht mit Magnus (vgl. Anm. 51) „antreffen" übersetzen; die Götter stützen ihre Hand an das Haus, als sie sich bücken.

56 639 *senex* – 640 *Baucis;* 641 *Baucis* – 647 *ille;* 654–659 beide gemeinsam; 661 *anus*. Dann wieder fast durchgehend gemeinsam.

57 Die Glut ist von gestern, also nur mehr lauwarm; vgl. P. Ovidius Naso (hrsg. von Bach, Chr.). – Hannover 1836 z. St.

58 So Bömer (vgl. Anm. 40), z St. – Vers 639 und 644 haben übrigens Vorbilder bei Kallimachos.

der Glut zum Ausdruck. Blätter sind das billigste Brennmaterial, dazu dann zum Kochen Holzspäne und (wohl gesammeltes) Astzeug.[59]

Ihr lieber Gatte hat Gemüse aus dem Garten geholt.[60] Dieses zerzupft sie nun, während er den geräucherten halben Schweinskopf aus dem Rauch holt[61] und ein kleines Stückchen – als sparsamer Hausherr – abschneidet. *resecat – sectamque* (649f.) ist eine rhetorische Steigerung, die das zielgerichtete Tun der Gastgeber zum Wohle der Gäste unterstreicht.

3.3.4 *Die Mahlzeit. Vorgericht (gustatio), Hauptgericht und Nachtisch (mensa secunda; 654–678)*

Mit Neueinsatz (*interea* 654) schildert Ovid, wie die Alten mit Geplauder die Zeit der Zubereitung des warmen Essens vertreiben. Die Götter in ihrer Majestät scheinen zu schweigen und auf der Bank zu sitzen.[62] Dabei wird die Liege zum Gastmahl vorbereitet, die nur aus Holz gemacht ist.[63] Die nun

---

59 Ich kann *multifidas* nicht mit „gequetscht“ (so Bömer, vgl. Anm. 40) übersetzen; es sind sicher aufgelesene Aststücke, die mit Beil oder Haumesser zerkleinert wurden und nun zum Kochen noch einmal (wohl von Hand) gebrochen werden. Das Holz liegt nicht auf einem Dachboden, sondern, wie in alten Bauernhäusern Italiens heute noch, über dem offenen Herd in einem Gestell unter der Decke.

60 *Suus* ist betont vorangestellt, wieder, um die Verbundenheit und Einmütigkeit zu untermalen.

61 *Sordida = fumosa;* vgl. die Nachahmung bei Petron 135. Es ist vermutlich ein *sinciput* (halber Schweinskopf), der sich zum Räuchern gut eignet; so Bömer (vgl. Anm. 40; dort auch zur hier ausgelassenen folgenden Doppelfassung im Text). Das Schweinehaupt hängt an einem Balken im Rauch. – 650 ist *exiguus* emphatisch vorangestellt: ein „winziges Stück“. Siehe v. Albrecht (vgl. Anm. 36), 650, der so übersetzt. Hohnen (vgl. Anm. 13), 21, findet einen witzigen Kontrast zu dieser Sparsamkeit in der späteren Bereitschaft, das teuerste Eigentum, die Gans, zu opfern. Daß das Fleisch lange aufbewahrt ist, beweist, daß die beiden nur ganz selten Fleisch essen.

62 Hohnen (vgl. Anm. 13), 23, fragt mit Recht, ob die Alten selbst stehen oder sitzen; sie stehen wohl.

63 *sponda* ist abl. qualitatis. Zu Ovids Zeit waren die Speisesofas oft aus Bronze oder mit Elfenbein verziert. Er durfte aber, ohne die Illusion zu stören, den Vergleich mit seiner Zeit nicht durchführen. – *vestes* sind „Decken“.

darübergelegten Decken werden nur an (religiösen) Festtagen verwendet, ein Zeichen der *pietas.*[64] Die Götter nehmen Platz.[65] Baucis ist wie eine Dienerin geschürzt und will auftragen, doch muß man (vielleicht Philemon) den Tisch erst gerade machen.[66] Dieser wird dann mit Minze gereinigt (sonst nahm man einen Schwamm), die wohl auch Wohlgeruch erzeugen soll.

Auf den Tisch (*hic* 664) kommt nun ein „frugales" Vorgericht, das zum Teil an römischen Brauch angelehnt ist. Die Oliven sind zweifarbig, weil sie beim Pflücken noch halbgrün waren. Die Cornellen, steinige Herbstfrucht des *cornus,* waren in einer dicken, aber hellen Brühe eingemacht, etwa wie Oliven. Rettiche sollen den Appetit anregen, und auch alles andere gehört zur üblichen römischen *gustatio,* besonders die sprichwörtlichen Eier.[67] Humorvoll wird das irdene Geschirr als „Silber" bezeichnet. Die Becher für den nun folgenden ersten Trunk sind aus Holz und dort, wo sie Risse haben, mit Wachs gedichtet.

Nach diesem Trunk folgt der zweite Gang ab v. 671.[68] Dafür wird der junge, also billige Wein wieder weggestellt. Das Hauptgericht besteht aus Rauchfleisch und Kohl, und mit ihm wird zugleich der Nachtisch aufgetragen, der wieder aus einfa-

---

64 ANDERSON (vgl. Anm. 49), z. St. erklärt: „in their ignorance doing precisely what they should." – *vilis vetusque* ist homerisch im Klang (ἀνδρῶν τε θεῶν τε), um das Alter der Decken zu untermalen. – Die Decken verdienen den Unwillen des Bettes nicht, sie passen zu ihm.

65 *Accubuere dei* malt Wucht und Ruhe der Götter sprachlich; Philemon und Baucis flattern auch sprachlich herum.

66 GALINSKY (vgl. Anm. 31), 149, findet in der Detailmalerei hier ein Stückchen literarischer Parodie, das humorvoll die Situation vor der Epiphanie der Götter auflockern soll. – Wenn der Tisch drei Füße hat, kann er übrigens nicht wackeln (dreifüßige Tische als Zeichen der Armut Horaz, Satiren 1,3,13), es müssen also vier Füße gewesen sein.

67 Vielleicht liegt ein wenig Humor auch in dem Wort *ponitur (= apponitur)* in v. 664, das etwa „auffahren lassen" bedeutet. – *favilla* ist die „glimmende, wärmende Asche".

68 Von *secundus missus* spricht BENTLEY in P. Ovidius Naso cum Notis Bentleii et aliorum. Bd. 4. – Oxford 1826, z. St.

chem Obst besteht, gekrönt von einer Honigwabe.[69] Die ganze Atmosphäre ist dabei durch den guten Willen und die freundlichen Gesichter der Alten geprägt, die sozusagen als Würze (677 *super omnia*) hinzukommen.

3.3.5 *Die Götter geben sich zu erkennen (679–694)*

Nun sehen die Alten plötzlich ein Wunder: Der oft geleerte Mischkrug füllt sich immer wieder von selbst.[70] Die Götter wirken, ohne zu sprechen; es gibt ja zwischen Göttern und Menschen in Wahrheit kein rechtes Gespräch. Die Szene selbst erinnert an die Erzählung von der Witwe von Sarepta oder an die Hochzeit zu Kana.[71] Der einfache Mensch erkennt ja die Wirkung des Göttlichen am leichtesten im materiellen Geschehen oder Nutzen. Die Greise sind wie vom Donner gerührt,[72] biegen die Hände rückwärts zur Brust und kehren die Flächen dem Himmel zu. Es ist dies die typische Geste des Erstaunens und Betens, wie sie auch auf bildlichen Darstellungen auftaucht. Der Vers, der ihre Namen (nun sozusagen für die Götter) nennt (682), klingt dabei fast monumental. Die beiden sprechen verwirrt Gebete[73] und bitten um Vergebung für den (als nichts zu rechnenden) Aufwand. Sie steigern ihre Pietät,

---

69 *purpureus* in v. 676 wird sich wohl auf die Weintrauben beziehen. „purpurn" wird Weinlaub auch im Herbst nicht.

70 *vident* (679) ist die typische Wahrnehmung dessen, der ein Wunder erlebt. – *totiens* (679) sagt entweder, daß der Krug recht klein war oder die Götter gewaltigen Durst entfalteten.

71 Elias bei der Witwe von Sarepta 1. Könige 17,10–16.

72 Dieses Ereignis gehöre zu den „heiligen Themen" und zum „Mysterium" der Metamorphosen meint Viarre, S.: L'image et la pensée dans les „Metamorphoses" d'Ovide. – Paris 1964, 394.

73 *concipere* meint: empfangen, übtr. in Worten empfangen, in bestimmte Ausdrücke fassen und schließlich (wie hier) in bestimmten Formen aussprechen. Das Gebet ist formelhaft, und die naiven Alten machen keine eigenen Gebete. Heute würde man sagen: „Sie fingen sogleich an, das Vaterunser zu beten."

indem sie ihren Gänserich, den Wächter des Hauses, schlachten wollen.[74] Dabei besitzen sie nur diese eine Gans (684: *unicus* betont vorangestellt). Daß die Gans den Alten immer wieder entkommt, kann natürliche Gründe haben, doch können auch die Götter mitwirken. Jedenfalls sucht das Tier ahnungsvoll Zuflucht bei den Himmlischen, und mancher Leser wird das Bild der die Gans jagenden Alten als lustig oder gar rührend empfinden.

Dann geben sich die Götter zu erkennen, doch nennen sie, wohl um die Greise nicht gar zu schrecken, ihre Namen nicht.[75] Die Götter teilen kurz und entschieden mit, daß die schlimmen Nachbarn nun bestraft würden, fordern sie auf zu folgen, und Ovid malt im letzten Vers des Abschnittes das mühselige Hinaufschreiten der alten Menschen.[76]

3.3.6 *Lohn der pietas (695–710)*

Als sie dem Gipfel bis auf einen Pfeilschuß sich genähert haben, wie Ovid altertümelnd sagt,[77] wenden sie sich um. Auch diesmal ist weder das eigentliche Ereignis noch die Verursachung durch die Götter geschildert: diese wirken wortlos und

---

74 Nach Columella wurden manchmal Gänse anstelle von Hofhunden verwendet (8,13,1); die Gans galt als besonders wachsam, vgl. die Gänse vom Kapitol.

75 Zur Stellung *„di“que „sumus“* vgl. Marouzeau, J.: Ein Verfahren Ovids. In: Ovid (hrsg. von v. Albrecht, M./Zinn, E.). – Darmstadt 1968, 167–172; hier 170: Das Verb „sagen“, das eine wörtliche Rede einführt, folgt auf ein anderes Verb, mit dem es durch die Partikel *-que* verbunden ist; nun ist aber diese Partikel merkwürdigerweise nicht an ein Wort des durch dieses Verb eingeführten Satzes angehängt, sondern an ein Wort der direkten Rede.

76 Anderson (vgl. Anm. 49) zu v. 689 urteilt, die Götter redeten „brusque and brutal“, weil sie den Untergang beschließen, ohne ein Wort der Anerkennung für die Alten zu verschwenden. Der Grund ist wohl, daß Ovid dies für v. 704 aufspart. – 691 ist *modo* das auffordernde *modo*. – 692 *comitare* ist altertümliche Sprache. – 693 *simul* „gleichzeitig“, weil Menschen mit Göttern nicht *una* gehen können (?). – Segal, Ch. P., Landscape in Ovid's Metamorphoses. – Wiesbaden 1969, 17, assoziiert „Höhe“ und Hügel bei Ovid mit Sicherheit, „Tiefe“ mit der Gefährdung des Menschen.

77 *semel* ist betont und zu *missa* zu nehmen, um die Geringfügigkeit der Entfernung zu kennzeichnen.

dürfen auch (dabei), wie das Wilde Heer, nicht gesehen werden. Alles ist überschwemmt, nur das Häuschen ragt heraus.[78] Wiederum verwundern sie sich, beklagen aber auch ihre Nachbarn, Freunde und wohl auch Verwandten. Und wieder tritt eine Verwandlung ein, ohne daß die Verursacher genannt werden: Ihre Hütte wird ein Tempel. Aus dem Prodomos wird ein Pronaos, die gabelförmigen Stützen des Vorhauses werden Säulen.[79] Das Strohdach beginnt golden zu glänzen,[80] wie in Rom das Tempeldach des Kapitolinischen Jupiter glänzen mochte, für das Augustus 16000 Pfund Gold gestiftet hatte.[81] Die Türen bekommen Bilderschmuck, wie wir ihn von Florenz oder Hildesheim her kennen, der Boden Marmorplatten. Dann spricht Jupiter majestätisch (703), aber mit mildem Blick.[82] Nun erkennt er ihre Haltung an; sie haben die Prüfung als einzige bestanden und werden nun als „gerecht“ gelobt (704). Sie dürfen etwas wünschen. Wieder bezeugt die Rücksprache, die beide nehmen, ihre Gleichberechtigung und Eintracht. Ihr Wunsch ist ein *iudicium,* ein nach reiflicher, klarer Überlegung abgegebener Spruch, auch dies wieder ein Zeichen für ihre besonnene Lebensführung. Sie bitten darum, Priester im neuen Tempel zu werden und zur gleichen Stunde zu sterben. Auch dieser Wunsch beweist, wie klar ihr Sinn für das Wesentliche im Leben (und Sterben) ist.[83] Dabei ist das Priestertum selbst schon eine kleine Metamorphose.

---

78 *sua tecta* steht betont (697).

79 Vgl. Seneca, Epistel 90,9 *furcae utrimque suspensae fulciebant casam* von der guten, alten, primitiven Zeit.

80 *flavescunt* (701) ist echtes Ingressivum.

81 Sueton, Augustus 30,2.

82 *Saturnius* heißt Jupiter hier nicht ohne Grund; der Name erinnert an das Goldene Zeitalter, das die beiden Alten vor und nach der Prüfung gewahrt und geschaffen hatten und haben.

83 *poscere* bedeutet auch „bitten“, nicht nur „fordern“ (708). Clade (vgl. Anm. 2), 46, betont, daß ihre Wünsche den bisherigen Charaktereigenschaften entsprechen. Auch Vögler (vgl. Anm. 2), 32, sagt, im Grunde führten die beiden auch ihr bisheriges Leben als Dienst an den Göttern, stellte ihr Häuschen eine Stätte der Götterverehrung dar.

3.3.7 *Die Erfüllung (711–720)*

Philemon und Baucis werden nun zu Vorstehern des Tempels, solange sie noch leben, was ein kürzerer oder längerer Zeitraum sein kann. Eines Tages erfüllen sie ihre Priesterpflicht und erzählen die Tempelsage.[84] Die Legende ruft neue göttliche Einwirkung auf: Philemon und Baucis werden verwandelt. Ovid bietet alle Kunst auf, um die Heiligkeit und Gemeinsamkeit des Vorganges auch äußerlich kundzutun: Ein Chiasmus (714f.) tritt auf, *geminos . . . vultus* untermalt die Doppelseitigkeit, *simul . . . simul* die Gleichzeitigkeit.[85]

Tafelbild zu Vers 714.715

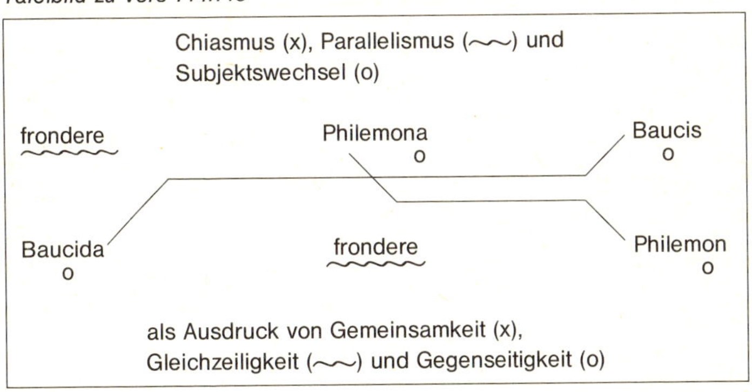

Die *pietas* des gemeinsamen Sterbens und Verwandeltwerdens und Fortdauerns in neuer Gestalt ist der Lohn für die bisherige *pietas*. Ihr Reden geht in das Säuseln der Blätter über. Heute noch zeigen die Einheimischen (kollektiver Singular 720), die ja die Ortslegenden kennen, die beiden Bäume, in die die

84 Statt *inciperent* ist auch *narrarent* überliefert, doch ist dies sicher nur spätere Erklärung. – Nach VÖGLER (vgl. Anm. 2), 35, ist in der Rede der Alten vor dem Tempel das ganze wunderbare Geschehen noch einmal vergegenwärtigt.

85 Das *-que* in 717 ist nachgeahmt von La Fontaine und Dryden in ihren Nachdichtungen. – 718 ist *abdita* proleptisch. – Auch bei diesem Wunder ist kein Verursacher genannt.

Alten sich verwandelten. Vom Tempel ist freilich nicht mehr die Rede, und die Bäume scheinen schon recht alt (720 *truncos*).[86]

3.3.8 *Beglaubigung und Lehre (721–724)*

Diese Legende erzählten dem Lelex alte Leute an jenem Ort, die glaubwürdig waren. Nocheinmal tritt hier das Alter als ehrwürdig und glaubhaft auf; die alten Menschen unterliegen den Leidenschaften nicht mehr so sehr und sind daher weniger der Versuchung, etwa zu lügen, ausgesetzt. Daß es alte Menschen sind, hat seinen Grund auch darin, daß diese gewissermaßen die Nachfolger von Philemon und Baucis darstellen, ihrerseits teilhabend an deren *pietas,* indem sie diese weitererzählen, aber auch ein wenig weiterverkörpern. Ein kleiner Kultus ist entstanden. Lelex gehört ebenfalls zur Gruppe der *pii;* er spendet als Weihegeschenke Gebinde für die beiden Bäume, opfert also ihnen, den Göttern und der *pietas* und wird sogar zu deren Verkünder, indem er die Summe der Tempelsage in einem Satze, einer Gnome, zieht: *Cura pii dis sunt, et qui coluere, coluntur.* Hier kann man einmal etwas Textkritik treiben, denn die wohl bessere Überlieferung des Satzes lautet: *Cura deum di sunt, et qui coluere, coluntur.* Diesen Satz hat LACHMANN glänzend erklärt: *cura deum, deorum,* sind die Menschen, *quos ipsi dei sua cura dignati sunt,* so daß zu übersetzen wäre: Die Menschen, die sich der Fürsorge der Götter für sich erfreuten, sind selbst schon gottgleich, und wer die Götter verehrte, erfährt (später) selbst Kult.

---

86 Die Bäume setzen die Tätigkeit der beiden Alten als Hüter des Heiligtumes fort (so VÖGLER, vgl. Anm. 2, 32). – Thynien grenzt an Phrygien und wird gelegentlich damit verwechselt.

3.4 Zum „Ertrag“ der Lektüre

Man kann den Schülern die Gesamtwirkung einer Episode dadurch bewußt machen, daß man sie diese nacherzählen läßt. Auch kann man Bilder malen lassen, die Geschichte spielen oder einen Film entwerfen. Natürlich läßt man den Aufbau nachzeichnen, wobei man auch über die verschiedene Ausführlichkeit der Ausführung im einzelnen sprechen kann; ebenso sind die künstlerischen und rhetorischen Mittel darzustellen, die Bedeutung der Metamorphose und die betonten Werte zu erörtern.

Der Wert der *pietas* ist besonders bedeutsam, dazu die Harmonie im Zusammenleben der beiden, ihre Zufriedenheit und Bescheidenheit. In der Gastfreundschaft, einer Funktion der Nächstenliebe, versammeln sich manche dieser Werte, auch in der Ehrfurcht gegenüber Menschen und Göttern.

Darzustellen sind die Erzählkunst, die formale Eleganz, die Bildhaftigkeit der Darstellung, aber auch die Leichtigkeit und Geschmeidigkeit der Erzählung. Besondere Aufmerksamkeit verdient der Humor Ovids, der hier in der latenten spielerischen Gegenüberstellung von städtischer Kultur und ländlicher Einfachheit zum Ausdruck kommt. Hier spürt man so recht Ovids „Behagen in der Kultur“.[87] Verwandt mit diesem Humor ist der spielerische Umgang mit dem Mythos, der vielleicht bei aller Freude an der bunten Erzählung Kritik hervorrufen könnte. So sind die Götter trotz allem a u c h unernst dargestellt, wenn sich ihr Wesen zuerst einmal durch gewaltiges Trinken enthüllt.[88] Auch vermißt man – wiederum bei aller Würdigung der *pietas,* die vorgeführt wird – eine echte Ehrfurcht vor dem Alter, wenn Philemon und Baucis die Gans jagen müssen. Ovid

---

87 Dies der Ausdruck von ZINN, E.: Worte zum Gedächtnis Ovids. In: Ovid (hrsg. von v. ALBRECHT, M./ZINN, E.). – Darmstadt 1968, 3–39; hier 7.

88 Vgl. BÖMER, F.: Ovid und die Sprache Vergils. In: Ovid (vgl. Anm. 87), 189: „Daß man dem Ovid unter keinen Umständen ein gläubiges Ergriffensein vom Wesen des Göttlichen ... zumuten dürfe.“

glaubt eben nicht an den Mythos, und so urteilt v. Wilamowitz über das Verhältnis unserer Episode zum Vorbild bei Kallimachos: „Die Nachahmung des Ovid kommt gegen das Vorbild nicht auf.“[89]

3.5 Zum „Nachleben“ der Episode

Unsere Geschichte hat sehr viele Nachahmungen in den verschiedensten Künsten hervorgerufen.[90] Wichtig sind die Bilder von A. Elsheimer und P. P. Rubens.[91] J. Haydn schrieb eine Puppenoper „Philemon und Baucis“. In Grimms Märchen Nr. 87 sind „Der Arme und der Reiche“ ein Nachklang unserer Sage. Eine freie Bearbeitung bot auch J. H. Voß in seiner (18.) Idylle von Philemon und Baucis. Die wichtigste Nachwirkung liegt in Goethes Faust II, 5. Akt vor, wo freilich die Idylle durch Gewalt und Tod zerstört ist.[92] Sehr bedeutsam und als Folie einer Lektüre brauchbar ist das moderne Hörspiel „Philemon und Baucis“ von L. Ahlsen.[93] Die jüngste Aktualisierung des Stoffes stammt von T. Déry.[94] Man wird auch daran denken, das Problem des Wandels der Götter auf Erden in B. Brechts Stück „Der gute Mensch von Sezuan“ in die Betrachtung einzubeziehen, doch wird es hier erhebliche Zeitprobleme geben, wenn man nicht nur ein Referat geben lassen möchte.

---

89 v. Wilamowitz (vgl. Anm. 31), 189.

90 Listen bei Hunger (vgl. Anm. 20), 270f. – Frenzel (vgl. Anm. 22), 601, ebenso. S. auch Beller, M.: Philemon und Baucis in der europäischen Literatur. – Heidelberg 1967.

91 Zu Elsheimer vgl. Goethe in: Nach Falconet und über Falconet. In: Insel-Almanach auf das Jahr 1982. J. W. v. Goethe zu Bildern, (hrsg. von Michel, Chr./Kuhn, I.). – Wiesbaden 1982, 10, und Abb. auf Seite 203. – S. auch Hohnen (vgl. Anm. 13), 23.

92 Pniower, O.: Goethes Faust, – Berlin 1899, 259ff., bespricht das Philemon- und Baucis-Motiv bei Goethe; es tritt insgesamt an 12 Stellen auf.

93 Clade (vgl. Anm. 2), 46, gibt Gesichtspunkte zum Vergleich von Ovid mit Ahlsen; s. auch Niemann, H. K.: Philemon und Baucis. Die Rezeption eines ovidischen Themas in einem Hörspiel von L. Ahlsen. In: Anregung 30 (1984), 314–321.

94 Dery, T.: Philemon und Baucis. In: Ungarische Erzähler der Gegenwart (hrsg. von Schag, F.). – Stuttgart (Reclam) o. J.

Tafelbild

Verteilung sprachlicher Gewichte in der Philemon- und Baucis-Episode Ovids	
Anlaß der Erzählung: Motto von der Macht der Götter (616–619)	4 Verse; sehr knappe Erzählung
Beglaubigung der Episode; Ortsbeschreibung (620–625)	6 Verse; knappe, kurze Darstellung
1. Teil der Episode: Götter auf Erden; Abweisung; endliche Aufnahme (626–630)	5 Verse; äußerst knappe Handlungsdarstellung
Direkte Charakteristik von Philemon und Baucis (631–636)	6 Verse; eher ausführliche Gestaltung
Vorbereitungen zum Mahl (637–659 mit Auslassungen)	20 Verse; sehr breite indirekte Charakteristik
Das Mahl (660–678)	19 Verse; liebevolle Beschreibung von Einzelheiten
Das Wunder (679–680)	2 Verse; höchste Knappheit der Darstellung
Neuer Beweis der Pietät (681–688)	8 Verse; ausführliche Schilderung
Offenbarung der Götter; Anstieg zum Hügel (689–694)	6 Verse; knappe Erzählung
2. Teil der Episode: Die Sintflut (695–697)	3 Verse; äußerste Kürze
Metamorphose der Hütte (698–702)	5 Verse; eher ausführlich
Der gewählte Wunsch (703–710 mit Auslassungen)	8 Verse; eher knappe Erzählung
Erfüllung des Wunsches; Metamorphose (711–720)	10 Verse; eher ausführliche Erzählung
Erneute Beglaubigung der Episode; abschließendes „Motto“ (721–724)	4 Verse; knappe Zusammenfassung; gnomischer Abschluß

4. **Horaz**

Interpretation einer Ode (c. III 9)

Donec gratus eram tibi
  Nec quisquam potior bracchia candidae
Cervici iuvenis dabat,
  Persarum vigui rege beatior.

‚Donec non alia magis
  Arsisti neque erat Lydia post Chloen,
Multi Lydia nominis,
  Romana vigui clarior Ilia.‘

Me nunc Thressa Chloe regit,
  Dulcis docta modos et citharae sciens,
Pro qua non metuam mori,
  Si parcent animae fata superstiti.

‚Me torret face mutua
  Thurini Calais filius Ornyti,
Pro quo bis patiar mori,
  Si parcent puero fata superstiti.‘

Quid si prisca redit Venus
  Diductosque iugo cogit aeneo?
Si flava excutitur Chloe
  Reiectaeque patet ianua Lydiae?

‚Quamquam sidere pulcrior
  Ille est, tu levior cortice et inprobo
Iracundior Hadria:
  Tecum vivere amem, tecum obeam lubens.‘

Das hier behandelte Gedicht bildet mit den zwei folgenden Liedern eine Trias von Werbeliedern, die von Horaz wohl mit Absicht zusammengeordnet sind. Zugleich ist c. III 9 aber auch Teil eines Zyklus von Gedichten an Lydia-Lyde, und man vermutet mit einigem Recht, daß es tiefere und länger dauernde Gefühle waren, die Horaz an Lydia banden. Die Ernsthaftigkeit der Neigung zu Lydia werde auch durch die besondere

Schönheit unseres Liedes bewiesen.[1] In der Tat reizt das Gedicht zu wiederholtem Versuch der Aneignung. Schon auf der ersten Stufe der Annäherung zeigen sich aber die Schwierigkeiten: es ist ein aussichtsloses Unterfangen, das Lied zu übersetzen. So sei im folgenden nur eine möglichst wörtliche Wiedergabe versucht:

A. Solange ich Dir noch lieb war und Dir kein junger Mann – mir vorgezogen – die Arme um den schimmernden Nacken legte, da lebte ich glücklicher als der Perserkönig.

B. ‚Solange Du für keine andere mehr branntest und Lydia nicht der Chloe nachstand, da lebte Lydia vielgenannt, da war ich berühmter als die römische Ilia.'

A. Mich beherrscht nun die Thrakerin Chloe, die süße Lieder weiß und die Kithara spielt; für sie stürbe ich ohne Furcht, wenn das Schicksal nur sie schont, die mein Leben ist, und sie überleben läßt.

B. ‚Mich brennt mit der Glut erwiderter Liebe Calais, der Sohn des Thuriers Ornytus; für ihn litte ich zweimal den Tod, wenn das Schicksal den Jüngling schont und ihn überleben läßt.'

A. Wie, wenn die alte Liebe zurückkehrt und die Entzweiten mit ehernem Joch zusammenzwingt, wenn die blonde Chloe abgeschüttelt wird und die Türe der verschmähten Lydia offensteht?

B. ‚Mag jener auch schöner sein als ein Stern, Du leichter als Kork und jähzorniger als die wilde Adria, will ich doch gerne mit Dir leben, will ich gerne mit Dir sterben.'

4.1 Rang der Ode

Man nennt dieses Lied die „Königin der horazischen Oden" (MENGE); SCALIGER (gest. 1558) nannte es „süßer als Ambrosia und Nektar" und wollte lieber dieses Gedicht verfaßt haben als

1 Lydia-Zyklus: c. I 8, 13; III 9; VI 25; III 28; vgl. auch II 11, 21. – Zur Neigung des Horaz vgl. OPPERMANN bei RÖVER-OPPERMANN: Lehrerkommentar zu Horaz. – Stuttgart o. J., 128. – WILI, W. (Horaz und die augusteische Kultur. – Basel 1948, 184) spricht von einer „Monomanie" Horazens zu Lydia. – DÜRING, J.: (Thurini Calais filius Ornyti. A Note on Horace, c. 3, 9. In: Eranos 49, 1951, 91) warnt allerdings vor allzusehr ins Autobiographische gehender Auffassung horazischer Lyrik. – Zur Trias vgl. KIESSLING-HEINZE zu 3, 9.

König von Aragonien sein, und c. III 9 ist das am meisten übersetzte Lied des Horaz. So gibt es Nachbildungen von Molière, Rousseau, A. de Musset, Bulwer, Mörike, W. Raabe und vielen anderen.[2] Freilich gehören Horaz und Lydia nicht zu den großen Paaren wie Romeo und Julia, Dante und Beatrice, doch ist ihre Gegenwart im Gedicht von kaum minderer Stärke, und die geisterhafte Vergegenwärtigung der Sprechenden erfaßt den Hörer stets von neuem. So reizt es ihn, die Gründe für solche Eindringlichkeit und für die kühle Schönheit der Verse zu finden, und dabei bleibt ihm leider die zweite Enttäuschung nicht erspart: Keine Analyse deckt die Gründe dieser Vollkommenheit ganz auf, und selten hat man so viele Möglichkeiten, Tatbestände vorzuführen, mit deren Fülle sich so wenig wirklich erhellen läßt, wie hier. c. III 9 ist sicher auch deshalb so beliebt und bekannt, weil es „leicht" und „verständlich" erscheint. In Wirklichkeit trifft auch das nicht zu, und so bleibt nur genaues Hinhören auf das, was dasteht. Dies sei nun versucht.[3]

---

2 Scaligers Urteil z. B. bei Menge, H.: Die Oden und Epoden des Horaz, 2. A. – Berlin o. J., 274. – Molières Nachbildung in: Les amants magnifiques (troisième intermède). – Raabes Nachdichtung in Höxter und Corvey, II. – Die wichtigsten Übersetzungen bietet Imelmann, J.: Donec gratus eram tibi. – Berlin 1899; die älteste deutsche Übersetzung stammt z. B. aus dem Jahr 1618. – Natürlich fehlt das Lied weder in Morgensterns „Horatius Travestitus" noch in Stemplingers „Horaz in der Lederhosn". In einer Schulausgabe weggelassen wurde III, 9 wegen seiner Thematik zuerst in der Ausgabe der *Societas Jesu*. – Dillingen 1570; vgl. Wilkinson, L. P.: Horace and his lyric poetry. – Cambridge 1951, 163.

3 „Einfachstes Lied": Wili, 184; besonders warnen möchte ich vor dem Terminus „volksliedartig" (Wili, 184). Die Suche nach hellenistischen und anderen Vorbildern ist zu keinem rechten Ergebnis gediehen; so lehnt z. B. Pasquali, G. (Orazio lirico. – Firenze 1920, 418) die Ergebnisse von Reitzenstein, R. (Horaz und die hellenistische Lyrik jetzt in: Aufsätze zu Horaz. – Darmstadt: 1963, 3) ebenso ab wie Wili, 185, 1, die Ansichten von Pasquali. – Ich nehme an, daß der lyrische Dialog über hellenistische Zwischenglieder auf altgriechische Gebilde wie Sappho, frg. 149 D, zurückgeht, das selbst wieder freilich auf volkstümlichen Vorbildern fußen mag.

4.2 Inhaltliche Analyse

4.2.1 *Neue Begegnung Entzweiter*

Horaz (nehmen wir an, er sei es) trifft Lydia und beginnt zu sprechen, will sich also mit dem Mädchen versöhnen. Er erinnert sie – übrigens recht verhalten – an die Zeit, als er bei ihr in Gunst stand und deshalb herrlich und in Freuden wie der reichste König lebte.[4] Zugleich bedauert er Lydias gegenwärtige Beziehung (2.3).
Lydia entgegnet ihm, indem sie seine Worte und Sätze nachahmt und leise steigert. So redet sie von „Brennen", wo Horaz von „Lieb sein" sprach, und erwähnt sich selbst in dritter Person, was beinahe pathetisch klingt (wenn es nicht winzige Selbstironie ist). Auch sie denkt an die Zeit der Einigkeit zurück, wobei leises Bedauern mitschwingt, besonders über die einstige Rühmung durch den Dichter. Weil sie von ihm viel genannt und also viel geliebt wurde, wiederholt sie nachzeichnend ihren Namen. Sie war damals berühmter als die (durch Ennius gerühmte) Ilia (Rhea), die Mutter von Romulus und Remus. – Horaz lobte ihre Schönheit (3.4 *candidae cervici*), sie erinnert ihn an seine Lieder, und dies mag der Dichter am liebsten hören.[5] Freilich, das Denken ist vorläufig dem Vergangenen zugewandt; ob eine Versöhnung eintreten wird, ist fraglich.

---

4 Es ist kein „Einsatz ... mitten im schon laufenden Gespräch" (Oppermann, 127f.). – „Leben wie der Perserkönig" ist sprichwörtlich für höchsten Reichtum und größtes Glück; altgriechisches Element? *Vigui* ist „herrlich lebend", mehr als *vixi*. – Der Grund der Entfremdung könnte in 22. 23 (*levior – iracundior*) angedeutet sein, liegt also wohl bei Horaz.

5 Über Lydias Leidenschaftlichkeit vgl. Wili, 184, der an carmen I 25, 13f., erinnert. – Der geistreiche Vorschlag von Birt, Th. (Horaz' Lieder. – Leipzig: 1925, Band 2, 94), erst hinter Vers 7 zu interpungieren, ist trotz der Parallele in Vers 4 nicht durchschlagend. – Daß der Angesprochene ein Dichter ist, macht den Bezug auf Horaz wahrscheinlich. – Zu *neque erat Lydia post Chloen* vgl. Röver, 6.

4.2.2 *Bekenntnisse*

Horaz erzählt nun von seinen gegenwärtigen Verhältnissen: ihn beherrscht Chloe, die Thrakerin. Das sagt er sozusagen mit Stolz: Chloe stammt aus dem Lande der Musen und des Orpheus, das freilich – wie Sybaris – wegen der Weichlichkeit seiner Bewohner bekannt ist. Chloe singt und spielt die Leier – wie eine Libertine (vgl. OBBARIUS z. St.). Lydia kann das nicht, gehört also nicht diesem Stande und solcher Art an und ist daher von ernsthafterer Natur. Hatte man schon hier den Eindruck, Horaz sei mit Chloe nicht glücklich, verstärkt sich dieses Gefühl nun: Er will für Chloe sterben, wenn er sie retten kann. Diese Beteuerung, die an den Opfermut einer Alkestis erinnern soll, klingt – trotz der Einfachheit und Leichtigkeit der Worte – angestrengt, bemüht, beflissen. Horaz redet sich selbst ein, Chloe sei seines Lebens wert. Das tut er aus Stolz sich selbst gegenüber, denn er will sich nicht zugeben, daß Lydia ihm fehlt, tut es auch aus Stolz gegen Lydia, die nicht seine Schwäche spüren soll, und tut es – vielleicht unbewußt – zugleich doch mit dem Gedanken, ob Lydia ihrerseits auch so stark an Calais sich gebunden fühle. Zudem fällt auf, wie schmerzlich die Bildersprache der Leidenschaft hier berührt. Er fühlt sich beherrscht, will sterben; Lydia wird „gebrannt" und will sich ebenfalls opfern. „Du hörst, von Freud' ist nicht die Rede", könnte man auch hier sagen.[6]

---

6 Zum Motiv des Verhältnisses mehrerer zu mehreren vgl. WILI, 187 „dem Modernen als Basis des Romans vertraut". – Welche Art von Konjunktiv ist *metuam?* Futurisch? Optativisch? Potentials? Eine Art Irrealis? – *Animae* ist: „mein Leben"; vgl. carmen I 3, 8; II 17, 5; Plautus Bacchides, 193 *animast amica amanti.* – *Superstiti:* glänzend verkürzter proleptischer Konsekutivsatz, vgl. WILI, 248. – Schwer zu sagen, wie ernst 11. 12 gemeint (und gesagt!) sind! Wer beweist, daß es nicht konventionelle Floskeln sind, die ein tiefes Gefühl überdecken sollen? „Es ist zum Totlachen": Wer sagt, wie ernst das gemeint ist? Zwischen tiefem Ernst, quälerischer Selbstberedung, vordergründig-spielerischem Gerede als Versuch, was der (die) andere dazu sagt, ist bei Horaz hier vorerst jede Wahl möglich. – Unbewußt ist wohl auch im Sterben für den anderen schon hier der Gedanke der Trennung von ihm eingeschlossen.

Lydia überbietet Horaz wieder und tönt ihm auch diesmal ein wenig nach. Sie rühmt sich erwiderter Liebe zu dem jungen Calais aus Thurii (Horaz mag älter sein), und Calais wird sehr vornehm sein, wie er auch aus Thurii stammt, womit Thrakien übertrumpft werden soll. Jedenfalls bilden diese Qualitäten zumindest ein Gegengewicht zum Spiel und Gesang der Chloe. Überboten wird Horaz auch durch Lydias Ankündigung, sie wolle zweimal für den Jüngling sterben, und hier wird die Gewaltsamkeit der Sprache zum Verräter: Lydia kann das so ernst nicht meinen (wodurch auch 11.12 richtig beleuchtet werden). Auch sie ist nicht glücklich in dieser Gegenwart, prahlt unsicher mit Calais und möchte wissen, was Horaz wirklich fühlt.[7]

4.2.3 *Versöhnung*

Dieser stellt nun – äußerlich zögernd – vor Augen, wie der frühere Zustand wohl sich ausnähme; in Wahrheit ist seine Aussage schon Andeutung des festen Entschlusses, sich mit Lydia zu versöhnen. Die frühere Liebe (Venus) könnte zurückkehren, und Venus ist hier nicht nur als Metonymie zu fassen; *redit Venus* „spricht aus, daß die Göttin selber eingreift. In der wiedererwachenden Leidenschaft erfährt der Mensch die Gottheit" (OPPERMANN, 130), die nun die Getrennten mit ehernem Joch zusammenführen und -halten soll. Nun erwägt Horaz, was in Wahrheit schon entschieden ist, Chloe trotz ihrer Schönheit (*flava*) „abzuschütteln", sie aus Herz und Haus zu verweisen.

---

7 Der Thuriner unseres Gedichts heißt carmen I 8, 2 Sybarite; Sybaris in Lucanien war von Kroton zerstört und wurde 443 als athenische Kolonie Thurii wieder aufgebaut. Mit einem Sybariten kann man eine Thrakerin übertrumpfen; zugleich bleibt man etwa auf derselben Stufe der „Dignität". – Cala-is (schöne Kraft?) war ein Sohn des Windgottes Boreas, und Ornytus bedeutet vielleicht „flink, rasch"; weitere – etwas komplizierte – Assoziationen knüpft an die Namen DÜRING, I.: Eranos 50 (1952), 91–97. – Wenn Calais *sidere pulcrior* ist, erinnert das vielleicht an Homer, Ilias 6, 401.

Die Heftigkeit des Bildes zeigt, wie sehr Horaz daran liegt, von Chloe loszukommen, sich ihrer als einer Last zu entledigen. Dann aber könnte die Türe des Horaz für Lydia wieder offenstehen. Eine Entscheidung freilich ist – äußerlich – noch nicht gefallen: Horaz sprach nur in einem doppelten (anaphorischen) Bedingungssatz, „so daß der Nachsatz, die Antwort, der Partnerin bleibt" (RÖVER, 72).[8]
Lydia antwortet sogleich, und bereits im „obschon" des Anfangs liegt ihr „Ja" beschlossen. Zwar betont sie noch die Schönheit des Calais (wie Horaz an Chloes Schönheit erinnerte, 19), hält Horaz seine Unbeständigkeit und seinen Jähzorn vor, doch zeigt der jubelnde Schlußvers ihr Glück über die neue Einigkeit. *„Amantium irae redintegrationes amoris"* hat man mit Recht als Motto unseres Liedes bezeichnet. Die Echtheit der Aussage, die hier alles Schnippische, Verstellte ausschließt, erhellt auch aus dem Gegensatz des gemeinsamen Lebens und Sterbens mit Horaz zu den verstiegenen Reden vom Tode in v. 11f. und 15f.[9]

---

8 OPPERMANN, 128, weist darauf hin, daß Venus-Aphrodite nicht auf eheliche Gemeinschaft hindeute. So ist die Gedankenverbindung *cogit iugo* mit *coniugium* vielleicht zu weitgehend. Der gleiche Ausdruck carmen I 33, 11, wie überhaupt dieses Gedicht zu der noch nicht erforschten Art von „Doppelgängergedichten" des Horaz gehört, die in Form und Gedanken parallele Variationen, Wiederholung, Gegenstück zu anderen Oden (hier III 9) sind. – *Iugum excutere:* vgl. Plinius panegyricus 11 *iugum excusserant;* vgl. auch *regit* (9). OPPERMANN, 130, erblickt in *excutere* u. a. „Hindeutung auf die Hetären-Sphäre". – Ob Lydiae Genitiv ist (so z. B. MITSCHERLICH) oder Dativ (ORELLI-BAITER, KIESSLING-HEINZE, USSANI, PLESSIS), ist ein altes Problem; vgl. IMELMANN, 82, Anm. zu S. 60. Ich habe so doppeldeutig übersetzt, wie Horaz spricht. WIMMEL, W.: Doppelsinnige Formulierung bei Horaz? In: Glotta 40 (1962), 119–143, bespricht 126f. die Frage und nimmt „gewollten Doppelsinn" an (140). Ich gebe Doppelsinn zu, möchte aber den Dativ als wesentlich „stärkere" Alternative fassen (vgl. bes. KIESSLING-HEINZE). Freilich könnte man durch carmen I 25, 1–8 unsicher werden.

9 *Levior cortice* liegt als Bild viel tiefer als die beiden anderen Komparative; es ist dies der „furchtbare Realismus" des Horaz (Goethe), mag auch eine sprichwörtliche Redensart zugrundeliegen.– Horaz über seinen Jähzorn z. B. Epistel I 20, 25. – Zur *(H)adria* vgl. carmen III 3, 5.

4.2.4 *Neue Auffassung der Liebe in Rom*

Was zuerst am Inhalt auffällt, ist die neurömische, ja fast unrömische Art der Liebe. Ein Römer sagt: „Die Thrakerin Chloe beherrscht mich" – das ist ein Novum. Auch sonst geht die Aktivität häufig vom Partner aus,[10] und in diesem Gedicht herrscht wirklich volle „Gleichberechtigung". So sagt PASQUALI (410) mit Recht: „Lydia non è solo un istrumento di piacere . . ., ma una donna pari a Orazio." Und sicher ist Lydia dem Dichter geistig gewachsen. Der Typ Chloes wiederum erinnert an Sempronia in Sallusts „Catilina", und auch die Öffnung der Türe für Lydia weist auf eine gewisse Verkehrung der Rollen.[11] Ebenso ist die Vorstellung des Sterbens für die Geliebte – jedenfalls in der Übersteigerung der Verse 11 und 15 – recht neurömisch. Man wird aber zwischen Chloe und Lydia sorgsam scheiden; Lydia ist ernst zu nehmen, und das „eherne Joch" (18) z. B. würde ich anders auffassen als das Verhältnis zu Calais.

4.2.5 *Die Handlungslinien der Ode*

Die Grundlinie der Handlung ist einfach: Horaz und Lydia entzweiten sich und suchten in anderen Beziehungen Ersatz, doch sind diese Verhältnisse zwanghaft, gespannt, schmerzlich. Sie treffen sich einmal wieder, und nun finden sie in Rede und Gegenrede wieder zusammen bis zur Versöhnung. Der Dialog ist weitgehend parallel; Lydia ahmt Horaz jeweils nach, bis der Nachklang zum neuen Einklang führt (der freilich nicht eigentlich vorgeführt wird). Dieses Ziel ist von Anfang an latent vorhanden, und es kommt nur auf das Wie des Erreichens an. Dabei hat der Leser nur das Textbuch; die beiden

---

10 So in Vers 1 *gratus eram tibi,* 5 *alia arsiti;* vgl. RÖVER, 71 f.

11 BIRT 1, 93: Damit ist die gesellschaftliche Stellung . . . angezeigt. RÖVER (72) wertet die griechischen Namen zu ähnlichen Schlüssen aus. Auch *reiectae* (20) ist in dieser Hinsicht bezeichnend.

Sprecher, den Hintergrund, den Anlaß muß er selbst hinzudenken (vgl. OPPERMANN, 128). Wie aus leerer Ferne laufen zwei getrennte Linien zusammen, treffen sich und führen gemeinsam fort.[12] Die äußerste Konzentration der Aussage erfaßt den Leser aber in beinahe magischer Weise, zwingt ihn zum Mit-Fühlen, Mit-Bangen, Mit-Jubeln, so daß außer dem Inhalt der Ode noch etwas anderes da sein muß, was uns gefangennimmt. Es ist dies die Form des Liedes, der wir uns nun zuwenden.

4.3 Die Formkunst der Ode

Dieses Gedicht drückt bei höchster Sparsamkeit der Zeichen ein Maximum an Inhalt aus; paradox gesagt: es ist so sehr Form, daß es nur Inhalt, so sehr Inhalt, daß es nur in Form ist. Dabei sind einfache Worte gewählt, die nur selten die gehobene Umgangssprache übersteigen, und doch spürt der Leser durch die verhaltene Aussage die Leidenschaft, die hinter den Worten steht, das Feuer unter dünner Asche. Nicht einmal das Fehlen der Gestik stört; die Sprachgebärde ersetzt sie vollkommen, und wie sehr c. III 9 jeden Übersetzer zum Erweitern und Verdünnen zwingt, zeigt ein Blick in IMELMANNS Sammlung.[13]
Als Zweites fällt die Dialogform auf; die Zweiheit der sprechenden Menschen führt zur durchgehenden Doppelseitigkeit der Ode, die in drei Schritten die einstigen, bestehenden und künftigen Beziehungen von Horaz und Lydia vorführt. Man hat damit auch ein kleines Drama, und es ist erstaunlich, wie gut sich Horaz in beide Sprecher findet. Zugleich trennt er aber die Charaktere fein; er selber spricht z. B. vorwiegend herren-

---

12 Man soll aber die fehlenden Details nicht übertreiben; von Chloe läßt sich ein Bild entwerfen.
13 DÜRING, 91, über die „Lima" in III 9.

mäßig (*regit, excutitur, reiectae*), während Lydia mehr in naturnahen Bildern redet (*arsisti, sidere pulcrior, levior cortice, Hadria*).[14]

Weiterhin erkennt man die durchgehende Steigerung. Innerhalb von drei Hauptgruppen (Strophe 1, 2; 3, 4; 5, 6) bieten Strophe 1, 3, 5 (Horaz) jeweils einen Fortschritt der Handlung (Vergangenheit, Gegenwart, Zukunft), während Strophe 2, 4, 6 (Lydia) innerhalb dieser Bewegung bei meist paralleler Gedankenführung eine Steigerung zur vorhergehenden Strophe bringen,[15] bis die eigentliche, jubelnde „Odenstimmung" in der letzten Strophe erreicht wird.

4.3.1 *Gedankenführung der Ode*

Diesem Parallelismus mit Steigerung dient auch die ganze Gedankenführung.[16] Das Grundschema ist ein Wechselgesang in sechs Strophen. Die jeweils zweite Strophe bedient sich so viel wie möglich derselben Ausdrücke wie die erste, sucht sie aber zu überbieten. Aufschlußreich sind bei diesem Bau die Konjunktionen, die besondere Spannung erzeugen. OPPERMANN (128f.) hat den Satzbau sehr klar analysiert, und wir können ihm hier nur folgen: „In den ersten beiden Strophen, die die Rede und Gegenrede enthalten, geht der Nebensatz dem Hauptsatz voran, und zwar entfallen in Strophe I auf ersteren drei, auf den Hauptsatz ein Vers (1–3, 4), in Strophe II

---

14 Zu den Bildern vgl. STEELE COMMAGER: The odes of Horace. – New Haven 1962, 57. – OPPERMANN, 128, sagt, der Anfang der Ode „schneide mitten in den Dialog hinein"; das stimmt nicht ganz: der Dialog beginnt erst. – Über die Vorbilder der Dialogform vgl. noch WILI, 185 („Opfer" für Vergil, vgl. auch 178), REITZENSTEIN (vergleicht Asklepiades 9, 63), PASQUALI, 410 (Hellenistisches), WESTPHAL (Anakreon), KIESSLING-HEINZE (Sappho, Hellenismus); BIRT 1, 93 (Theokrit 27) und oben Anm. 3.

15 Besonders deutlich in Strophe 4; aber auch in Strophe 2 ist *arsisti* wenigstens sprachliche Steigerung zu *gratus eram*.

16 Zur Gedankenführung vgl. WILI, 186; COLLINGE, N. E.: The structure of Horace's Odes. – London 1961, 58f.; STEELE COMMAGER, 55f.

zwei und zwei (5–6, 7–8). Diese gleichmäßige Verteilung setzt sich in Strophe III und IV fort, mit dem Unterschiede, daß der Hauptsatz dem Nebensatz vorangeht (9–10, 11–12; 13–14, 15–16). Strophe V und VI enthalten nicht mehr Rede und Gegenrede, sondern Frage und Antwort. Die Frage füllt die ganze Strophe V. Rein grammatisch gesehen, besteht sie aus dem verkürzten Hauptsatz *quid*? und zwei kondizionalen Sätzen. Doch ist der Hauptsatz durch die Verkürzung mit den *si*-Sätzen zu einer Einheit verschmolzen, die eher als Haupt- denn als Nebensatz empfunden wird. Die Antwort schließlich in Strophe VI ist in 3 Verse Nebensatz und einen Vers Hauptsatz gegliedert (21–23, 24); sie wiederholt also die Gliederung der ersten Strophe, die Architektur des Gedichtes zum Ganzen rundend. Ebenso ist die Mitte (Strophe III–IV) deutlich durch den völlig gleichen Bau betont. Das beschränkt sich nicht auf die Gestaltung der Satzperiode. Auch in Wortwahl und Wortstellung herrscht fast völlige Gleichheit, vor allem in den beiden letzten Versen der Strophen (11–12, 15–16), während die ersten etwas stärker variieren, nur das beginnende *me* kehrt beidemal wörtlich wieder. Diese Gleichheit der ersten Worte koppelt auch die Strophen I und II, die ebenfalls weithin parallel gebaut sind, aber nicht in so starker Übereinstimmung wie die Mitte. Die Parallele beschränkt sich außer dem Anfangswort auf die letzte Zeile (4; 8).“

4.3.2 *Kunst der Parallelisierung*

Je länger man das Gedicht ansieht, desto mehr solcher Parallelen finden sich. So bieten Strophe 1 und 2 außer den von Oppermann genannten Ähnlichkeiten folgendes: Zuerst Gedanke (*gratus eram*), dann Bild (*bracchia ... dabat*); Strophe 2: Gedanke (*arsisti*), dann Bild, Erzählung (*multi ... nominis*). – Ebenso steht in Strophe 2 *Romana* an gleicher Stelle wie *Persarum* in Strophe 1. Auch über weitere Strecken gibt es Entsprechungen: So hat Vers 6 von oben die Folge: *Lydia – Chloen,* während Vers 5/6 von unten (19. 20) die Folge *Chloe – Lydiae* aufweisen. Besonders wichtig ist die dreifache Entsprechung: *pro qua non metuam mori* (11); *pro quo bis patiar mori* (15); *tecum vivere amem, tecum obeam libens* (24). Hier zeigen Vers 11 und 15 die Verstiegenheit in den Prahlereien der beiden, während Vers 24 das Todesmotiv noch einmal aufruft, es aber durch die Verbindung mit dem gemeinsamen Lebensgenuß erst einmal zur Gültigkeit führt und gegen Vers 11 und 15 bei leichtem Anklang klar abhebt.

Innerhalb dieser scharf und zwingend gezogenen Längslinien verlieren aber Einzelverse keineswegs ihr Eigenleben. Die meisten Verse sind kleine Ganzheiten (KIESSLING-HEINZE), was zum Teil durch Alliterationen unterstrichen wird (z. B. 10. 11. 16). Alliterationen binden auch oft zwei Zeilen zusammen (2. 3 *candidae cervici;* 22. 23 *inprobo iracundior*), wodurch wieder ein fester Zusammenhalt in der „Querrichtung“ erreicht wird.

4.4 Ernst oder Ironie in Ode III 9?

Ein besonders schweres Problem ist noch zu behandeln: die Frage des Ernstes und der Tiefe einiger Aussagen.[17] OPPERMANN (130) macht auf die Schwierigkeit aufmerksam; er sagt zu *tecum vivere amem, tecum obeam libens*[24]: „Hier empfindet man, daß das Gewicht dieses Schwures etwas zu groß, der Ton etwas zu hoch gegriffen ist. Und ist man erst einmal aufmerksam geworden, so empfindet man dieselbe leichte Übersteigerung auch an anderen Stellen, in der Bereitschaft zu doppeltem Tode 15f., ja schon in den Vergleichen der Verse 4 *Persarum rege beatior* und 8 *Romana clarior Ilia.* Es handelt sich nur um

17 Wenig hilfreich ist BURGER, C. P.: Aere perennius. Scherts en ernst in de Oden van Horatius. – s'Gravenhage 1926, 37.

Nuancen, aber dieses geringe Zuviel reicht aus, um Zweifel an dem letzten Ernst des Gesagten zu wecken, die leichten Übertreibungen im Ton genügen, um Behauptungen und Schwüre leise in Frage zu stellen, ihr Gewicht zu entschweren durch dichterische Ironie. Diese kleine Prise Ironie, die zum guten Teil Selbstironie ist, muß man mitempfinden, will man das kleine Kunstwerk ganz verstehen." – Freilich ist nun die Frage, nach welchen Kriterien man die Ironie mißt. Ich würde sagen, man darf „Ironie" annehmen, wenn zwei Voraussetzungen zutreffen:

1. Es muß klare Übersteigerung vorliegen. 2. Der Gedankengang des Liedes muß die Annahme erlauben. Es gibt nämlich sicher auch ein sprachliches „Overstatement" (*vitium per excessum*), das angewandt wird, um die Stärke eines Gefühles durch eine – wohlgemerkt – äußere Ironisierung zu verdecken; diese Übertreibung bewirkt etwa das gleiche wie das Understatement, und tatsächlich findet man – wie OPPERMANN – in c. III 9 solche Stellen. In Vers 4 scheint so etwas vorzuliegen – den Ausdruck „Ironie" würde ich streng meiden –, und vielleicht in Vers 8, obschon man hier zweifeln kann (läßt Horaz die Wirkung der Dichtung ironisieren?). In Strophe 3 und 4 scheint wieder Übertreibung vorzuliegen: Schon die Ausdrücke *regit* und *torret* können „Jargon" sein, „mildernde Übertreibung" – so paradox es klingt. Die Todeswünsche in 11. 12 und 15. 16 sind sicher übertrieben, aber hier scheint mir die Übersteigerung mehr in dem oben erläuterten Sinn der inneren Not und der „Prüfung" des Partners zu liegen. In 18 schließlich ließe sich wieder an „mildernde Übersteigerung" denken, in 19 und 20 eher an „Jargon". In 21 mag wieder leise Übertreibung vorliegen, während ich in 22. 23 vollen Ernst finde und besonders – wegen der oben geschilderten Entwicklung – jede Ironie ausschließen möchte. So wird man vielleicht dem Gefühlsablauf der Ode eher gerecht. Nur der Zusammenhang erlaubt jeweils ein Urteil, und wir haben hier den Fall, daß innerhalb eines Gedichtes die einzelnen Teile und Aussagen ohne stärkere

Kennzeichnung bei fast gleichem „Äußeren“ im Sprachlichen verschiedene Stil- und Stimmungswerte mitführen. Diese Mehrwertigkeit der Stilmittel könnte den Leser irritieren, wenn ihm nicht der jeweilige Zusammenhang und Ablauf von Gedanke und Gefühl klar zeigten, wie jedes einzelne Zeichen aufzufassen ist. Eine Untersuchung über dieses Problem ist mir nicht bekannt.[18]

Tafelskizze

Doppelseitige Handlung und Dialog,
Gegensatz und Überbietung,
Einheit und Gemeinsamkeit
im Spiegel **paralleler** Formteile

	Horaz	Lydia
Vergangenheit Einheit Glück	Donec ... Nec quisquam ... vigui ... beatior	Donec ... neque erat ... vigui clarior
Gegenwart Andere Beziehungen Übertreibende und überbietende Schilderung des Verfallenseins	Me nunc ... Chloe regit, Pro qua non metuam mori, Si parcent animae fata superstiti	Me torret ... Pro quo bis patiar mori, Si parcent puero fata superstiti
Zukunft Neue Einheit Vertieftes Glück	Quid si ... Venus Diductos ... iugo cogit aeneo?	Quamquam ... Tecum vivere amem, tecum obeam libens.

18 Vgl. immerhin Kiessling-Heinze zu *gratus eram* und *bracchia collo dare*. – Nicht zugänglich waren: Gilbert, P.: Latomus 1, (1937), 88–93, und Turolla, E.: Humanitas 6 (1951), 1028 f. – Vgl. auch Römisch, E., Zwei Horazoden. Interpretation von c. 3, 9 und c. 1, 10 für den Unterricht. – Heidelberg 1979.

5. Phaedrus

Zwei Fabeln (I 13; V 7)

Im Grunde ist die Fabel eine eher „niedere" Gattung, ist doch ihre Moral meist so banal-alltäglich wie die Erzählung selbst; und doch gehört die Fabel zum unverzichtbaren Lektüregut des Lateinunterrichts. So schrieb G. E. Lessing eine kleine Abhandlung „Von einem besondern Nutzen der Fabeln in den Schulen"[1], in der er – ganz im Sinne einer Erziehung zur Kreativität – u. a. vorschlug, die Schüler selbst Fabeln dichten zu lassen. Einen nützlichen Hinweis auf die Lektüre von Fabeln gab M. FUHRMANN[2], und auch sonst ist kein Mangel an didaktischen Hinweisen auch auf Phaedrus.[3] Dabei ist man glücklicherweise vom gönnerhaften Aburteilen früherer Zeiten über Phaedrus abgekommen.[4]

5.1 Methodische Grundlegung und Zielsetzung

Man wird – wie natürlich – bei der Lektüre von Phaedrus-Fabeln die Lehre herausarbeiten, doch liegt die Kunst des Dichters auch und besonders in seiner Art der „Versprachli-

---

1 In: Lessing, G. E.: Fabeln. Abhandlungen über die Fabel. – Stuttgart 1970, 143f.

2 FUHRMANN, M.: Über kleine Gattungen als Gegenstand der Anfangslektüre. In: AU 18,5 (1975), 31–34 zu Phaedrus 1,13 im Vergleich mit Thurbers Fabel.

3 Z. B. MAIER, F.: Lektüreunterricht auf Sekundarstufe I. In: Handbuch der Fachdidaktik, Alte Sprachen 2. – München 1982, 81f., und Lateinunterricht zwischen Tradition und Fortschritt, Bd. 2. – München 1984, 202f.; vgl. auch den systematischen Teil bei DITHMAR, R.: Die Fabel. – Paderborn 1971, 18ff.; sehr gut ist die didaktische Analyse bei HIRSCH, F.: Phaedrus. Unterrichtsversuch in einer 10. Klasse. In: Lernspiel und Lateinlektüre. Unterrichtsprojekte im Fach Latein (hrsg. von RÖMISCH, E.). – Stuttgart o. J., 12–44; besonders hervorzuheben sind hier seine Hinweise auf Lernziele. – Vgl. jetzt den hervorragenden Beitrag von FRITSCH, A.: Phaedrus als Schulautor. In: Latein und Griechisch in Berlin 29 (1985), Heft 3, 34–69. And in DASIU 1/86, 15–24; 2/86, 20–27; 3/86, 17–26; 4/86, 13–25.

4 G. BERNHARDY nannte Phaedrus in seinem „Grundriß der römischen Literatur" (Halle 1830, 126) den „Nepos der Poesie".

chung" der Sachverhalte und in der oft schlagenden Kürze der Darstellung. So wird man zu zeigen versuchen, wie fest und passend hier das Sprachgewand den Gegenständen und der Handlung anliegt und entspricht. „In dem erhöhten Maß von Aufmerksamkeit", sagt RIBBECK, „und Nachdenken, welches diese Kürze beansprucht, besteht ihr Reiz", und HIRSCH[5] verlangt hier mit Recht im Unterricht Beobachtungen zur Wortbedeutung, Abgrenzung gegenüber Synonymen, Erkenntnis der Funktion verschiedener Wortarten als Mittel der Charakterisierung und überhaupt eine Untersuchung der Funktion sprachlicher Mittel.[6] So ist die Fabel I 13 derart verkürzt, daß man sie sich in zwei comic-artigen Bildchen (mit einer „Sprechblase" beim ersten) vorstellen könnte.[7]

Wir betrachten im folgenden zwei Fabeln des Phaedrus, von denen eine zu den eigentlich äsopischen Fabeln gehört (I 13), die andere zu den von dem Dichter selbständig entwickelten fabel-ähnlichen Anekdoten; M. FIRNKES hat sie (V 7) mit gutem Grunde in seine Ausgabe aufgenommen.[8] Gemeinsam ist beiden Fabeln, daß – wie häufig – die Folgen eines verfehlten Urteils, der falschen Einschätzung einer Situation gezeigt sind und dem Leser empfohlen wird, anwendend die jeweilige Lage in seinem Leben, seine Gesprächspartner und sich selbst richtig einzuschätzen und sein Handeln danach auszurichten, und sich

---

5 RIBBECK, O.: Geschichte der römischen Dichtung. – Stuttgart 1892, Bd. 3, 29. – HIRSCH (vgl. Anm. 3), 13.

6 MAYER, J. A. (Pontes. Lehrerheft. – Stuttgart 1968, 8) verweist für Phaedrus ebenfalls auf seine Fähigkeit, die Aussage in der adäquaten Form erscheinen zu lassen, auf die Kunst des Weglassens und Andeutens, die Knappheit des Skizzierens, Sparsamkeit der Mittel, Straffheit des Aufbaues, Kunst der Wortwahl und Wortstellung.

7 Daß man Fabeln von Schülern nachzeichnen läßt, ist selbstverständlich; vgl. dazu MAIER, F.: Lateinunterricht, Bd. 3. – München 1986, 246f. Musikalisch Begabte könnten sogar an Vertonung einzelner Reden oder ganzer Fabeln denken.

8 Phaedrus, Fabulae (hrsg. von M. FIRNKES). – Bamburg 1981; mithilfe dieser Ausgabe kann man auch die dichterische Entwicklung des Phaedrus verfolgen, besonders an den abgedruckten Prooemien. – Nicht gerecht wird dem Dichter BRUHN, E.: Altsprachlicher Unterricht. – Leipzig 1930, 84: „Was er selber hinzuerfunden hat, ist meist pointenlos". – Sehr gute Hinweise zu Phaedrus bei HAUSRATH, A.: RE 19, 1475–1505 (mit einer Geschichte der antiken Fabeldichtung nach Phaedrus).

vor persönlichem Schaden zu bewahren.[9] Gemeinsam ist beiden Stücken auch die knappe und doch liebevolle Ausarbeitung im einzelnen, der es nachzuspüren gilt.

5.2 Erstes Beispiel: Fuchs und Rabe (I 13)

Vulpes et corvus

Qui se laudari gaudet verbis subdolis,
Fere dat poenas turpi paenitentia.

Cum de fenestra corvus raptum caseum
Comesse vellet, celsa residens arbore,
Vulpes hunc vidit, deinde sic coepit loqui:
O qui tuarum, corve, pennarum est nitor!
Quantum decoris corpore et vultu geris!
Si vocem haberes, nulla prior ales foret.
At ille stultus, dum vult vocem ostendere,
Emisit ore caseum, quem celeriter
Dolosa vulpes avidis rapuit dentibus.
Tum demum ingemuit corvi deceptus stupor.

[Hac re probatur quantum ingenium valet;
Virtute semper praevalet sapientia.]

Fuchs und Rabe

Wer gerne hört, wie man ihn mit listigen Reden preist, büßt dies zumeist in Schande und Reue.
Als der Rabe ein Stück Käse von einer Fensterbank geraubt, sich auf einem hohen Baum niedergelassen hatte und es aufessen wollte, sah ihn der Fuchs und fing gleich so zu sprechen an: „O, welcher Glanz umstrahlt deine Federn, Rabe! Welche Schönheit zeigst du in Gestalt und Gesicht! Wenn du nun erst noch Stimme hättest, überträfe dich kein Vogel.“ Als jedoch der Rabe seine Stimme vorführen wollte, ließ er aus dem Schnabel in seiner Dummheit den

9 So zu I 13 Niemann, K.-H.: Die Fabel als Spiegel menschlichen Verhaltens und als Anstoß zur Verhaltensänderung. In: AU 23,3 (1979), 57–81 (hier 68); gute Interpretationsfragen zu I 13 (73). – Vgl. auch zu I 13 Römisch, E.: Lektüremodelle. In: Klassische Philologie. Beiträge zur Lehrerfortbildung. – Wien 1973, 101–120.

Käse herabfallen, den der schlaue Fuchs rasch mit gierigen Zähnen schnappte. Nun erst jammerte der betroffene dumme Rabe auf.
[Solches Geschehen beweist die Macht des Geistes; Klugheit und Weisheit sind der bloßen Kraft überlegen.]

5.2.1 *Interpretation*

a) Überschrift und Promythion

Die Überschrift bei Phaedrus unterscheidet sich für dieses Fabelmotiv durch die geänderte Reihenfolge der Akteure.[10] In der Tat ist der aktive, die Handlung voranführende Held der Fuchs. Auch bei Caesar beginnen viele Abschnitte mit dessen Namen; er dominiert eben. So ist es auch hier gemacht. Eine Vorqualifikation der Handelnden durch feste Epitheta ist vorerst vermieden.[11]
Das Promythion (1.2) ist eine merkwürdige Form, nennt es das Ergebnis doch schon im voraus, so daß der Leser die Fabel nicht selbst entziffern muß. Doch prägt sich die knappe Formel gut ein, und der Leser würdigt die folgende Fabel mit mehr Verständnis und kann Einzelheiten besser einordnen und genießen. Zudem ist es vielfach römische Art, u. a. Erzählungen gleich zu Beginn unter einen Gesichtspunkt zu stellen.[12]
v. 1.2 *gaudet* und *paenitentia* bezeichnen innere Vorgänge; ihre äußeren Gründe und Folgen sind durch *laudari* und *poenas dare* beschrieben, so daß v. 1 und v. 2 auch in Form einer Bedingung mit Folge gefaßt sein könnten. Die listigen Reden

---

10 Im Griechischen heißt es „Rabe und Fuchs"; vgl. Pisi, G.: Fedro Traduttore di Esopo. – Firenze 1977 (Index), ebenso bei Lafontaine und Lessing. – Zur sonstigen Überlieferung der Fabel in der römischen Literatur vgl. Pisi, 46f., zum Fabelmotiv Babrios and Phaedrus, hrsg. von Perry, B. E. – London 1965; Einzelkommentar von Burmann, P.: Phaedrus. – Hagae comitum (s' Gravenhage), 1718. Ich zitiere unter diesem Namen auch dort eingebrachtes Gut älterer Gelehrter.

11 Zur Vorwegnahme des Leser-Urteils durch feste Epitheta vgl. Pisi (vgl. Anm. 10), 48.

12 Zum Verhältnis der Promythien zur Fabelerzählung vgl. Barié, P.: Probestück einer linguistischen Textbeschreibung. In: Höhn, W./Zink, N.: Handbuch für den Lateinunterricht, Sekundarstufe II. – Frankfurt 1979, 228ff.

(*subdolis*) deuten bereits auf den listigen Fuchs voraus (v. 1 *subdolis;* v. 11 *dolosa vulpes*); zu *stultus* (v. 9) steht im Vorspruch kein unmittelbares Pendant.[13]

Fere (v. 2) ist so viel wie *plerumque,* meistens.[14] Die Fabel drückt ja ein häufiges Geschehen, eine Gesetzmäßigkeit und Regelhaftigkeit aus.[15] Die Strafe (v. 2 *poena*) für die unangebrachte Emotion (v. 1 *gaudet*) besteht hier nur in einem Nachteil; in V 7 führt sie wohl zum gesellschaftlichen Ruin. Das gesellschaftliche Element des (an sich auch positiven) Bereuenmüssens einer Fehlhandlung ist aber auch hier durch *turpi* (v. 2) unterstrichen, das nicht nur „moralisch verwerflich, schändlich" bedeutet (was hier zu scharf wäre), sondern etwa „das Auge beleidigend, gesellschaftlich unmöglich machend".[16]

Über die Aussage des Promythions ist oben schon gesprochen; es legt dar, daß falsche Einschätzung von Personen und Situationen Nachteil und Schande bringt. Im Grunde liegt ein Fehler des Urteils (*iudicium*) vor.[17]

b) Der Rabe

Phaedrus beginnt die Fabel mit einem Nebensatz (v. 3 *cum*), in dem der Rabe geschildert wird, während im Hauptsatz und damit in den vv. 3–8 der Fuchs dominiert, wie schon in der Überschrift. Der Dichter hat – unter der Hand und vielleicht mehr unbewußt – aus der alten Raben-Fabel eine halbe Aristie des Fuchses gemacht.

---

13 Burmann (vgl. Anm. 10) erläutert *subdolis* schön: (*verbis*) *dolo formatis et compositis ad voluntatem audientis.*

14 Vgl. 1, 29, 1; 3, 16, 2.

15 Deshalb ist die Lesart *sera* für *fere* abzulehnen.

16 Burmann (vgl. Anm. 10): *dedecus ex eis, quia ... risui aliorum sunt expositi.* – Es ist ganz abwegig, wenn Schnur, H. C. (Fabeln der Antike. – München 1978, z. St.) mit Luria die Fabel in den Komplex „Mehr scheinen wollen, als man ist" einreiht. Schon das Promythion beweist den anderen Zusammenhang (falsche Einschätzung von Sachen und Personen).

17 Das Urteil ist aber durch den Affekt (v. 1 *gaudet*) bestochen; es scheint nicht, daß Phaedrus mit Sokrates meint, wer das Rechte wisse, tue es auch.

Die fünffache Alliteration auf c in v. 3.4 ist andererseits wohl beabsichtigt, um das Rabengeschehen eng zusammenzuschließen und die Beschränktheit des Tieres akustisch anzudeuten. Das „Fenster“, von wo der Käse gestohlen ist, ist vielleicht nur eine Maueröffnung, ein schmaler Spalt;[18] Phaedrus gibt eine ländliche Umgebung mit solchen Nischen wie heute noch in Italien, wo auch Lebensmittel gelegentlich noch so aufbewahrt sind, ersetzt auch das sonst in dieser Fabel übliche Fleisch durch Käse.[19] Der Käse ist „rasch geraubt“ (v. 3 *raptum;* vgl. v. 11 *rapuit*).

Der Rabe will die Speise „ganz und mit Genuß“ essen (v. 4 *comesse*), tut es aber noch nicht (v. 4 *vellet*), flog also eben erst an.[20] Wenn er auf hohem Baume sitzt, erkennt man, daß der Fuchs ihn nicht erreicht; vielleicht versinnbildlicht die Darstellung aber auch den Hochmut des Raben, der – metaphorisch – „auf hohem Roß“ sitzt, was u. U. auch in *residens* anklingt.

c) Der Fuchs und seine Rhetorik

Der Fuchs sieht den Raben (v. 5 *vidit*), doch ist dies ein Sehen wie bei Caesar (*veni, vidi* ...), ein blitzschnelles Erfassen der Lage und ihrer Erfordernisse. Das „Sehen“ des Fuchses bedeutet auch, daß er nicht so leicht zu täuschen ist, während man beim Raben den Eindruck einer Art von Blindheit hat. Zwischen dem Sehen und Sprechen liegt eine winzige Pause; zwischen *vidit* und *deinde* hat der Fuchs seinen Einfall, und da

---

18 Burmann (vgl. Anm. 10): *de quocumque foramine in muro aut pariete;* Phaedrus will zeigen, woher der Käse stammt.

19 Pisi (vgl. Anm. 10), 47; auch der Käse gehört zum Land. Fleisch legte man kaum in eine Hausnische. – Es gab auch eine griechische Überlieferung, daß der Rabe einen Käse trug; vgl. Porphyrio zu Horaz, Satire 2, 5, 55f. *hoc ... ex fabula Aesopi, in qua scriptum est, ut vulpes corvum inluserit, cum eum vidisset caseum ferentem.*

20 *residens* sei nicht = *sedens,* sondern bezeichne das Sitzen nach vorhergegangener Bewegung meinen Raschig, F. E. / Richter, R.: Ausgewählte Fabeln des Phaedrus. – Berlin 1871 z. St. Ob das hier zutrifft? Der Rabe ist doch eher statisch geschildert.

deinde auch „unmittelbar darauf, sogleich" bedeutet, kennzeichnet Phaedrus damit das kurzentschlossene Handeln des Fuchses. *coepit loqui* kann volkstümliche Ausdrucksweise sein, kann aus metrischen Gründen stehen, kann aber auch durch die Dehnung des Ausdruckes das verbale Sich-Anschleichen des Verführers nachmalen („hub an zu reden").

Dann wird der Rabe rhetorisch überfallen und überwältigt; der Fuchs hat sozusagen Rhetorik studiert und mißbraucht sie nun.[21] Er beginnt, wie hingerissen, mit einem Ausruf: *O qui* ... (v. 6), wobei *qui* soviel wie *qualis, quam magnus,* „wie wunderbar" bedeutet; das Fragepronomen tritt zurück. Nicht genug, der nächste Vers wiederholt, im Umfang des Einleitungswortes steigernd (v. 6 *o qui;* v. 7 *quantum*), den bewundernden Ausruf.

„Deine" Federn (v. 6 *tuarum*) stellt Phaedrus voran, um die Schmeichelei für die ganz persönliche Erscheinung des Raben zu verdeutlichen: Es ist der Rabe, der so schön ist. Dieser selbst nun steht genau in der Versmitte; die abbildende Wortstellung zeigt ihn von Gefieder und Glanz umrahmt.[22] *Nitor* beweist gute Naturbeobachtung; Raben glänzen. *Nitere* wird vom „angenehmen Glanze einer reinen, blanken oder fettigen Oberfläche" gebraucht.[23]

Der zweite Ausruf scheint mehr Dinge zu betreffen, die aus dem Verhalten und damit dem Verdienst des Raben hervorgehen. Er hält seinen Körper mit Schicklichkeit und edlem Anstand,[24] seine Miene mag Würde und Majestät ausdrücken. Der

---

21 Schmierige Rhetorik: PISI (vgl. Anm. 10), 49; NIEMANN (vgl. Anm. 9), 68, erkennt einen gewissen Vorbehalt des Phaedrus gegen die moralischen Qualitäten des Fuchses, während ihm dessen intellektuelle Fähigkeiten sympathisch seien.

22 So NIEMANN (vgl. Anm. 9), 67.

23 RAMSHORN, L.: Lateinische Synonymik. – Leipzig 1831, Nr. 611; *splendere* steht mehr vom blendenden Glanz der reinen weißen Farbe. S. auch MENGE, H.: Lateinische Synonymik. – Heidelberg 1959, Nr. 68. – Beistimmen wird man auch NIEMANN (vgl. Anm. 9), 67, der meint, der Fuchs stelle eine Schwäche des Raben, sein häßliches Aussehen, als Stärke dar; die schwarze Farbe gefiel wohl wenig.

24 Nicht auszuschließen ist die Bedeutung „Schönheit, Liebreiz".

Fuchs verengt dabei den Blickkreis auf den Kopf des Tieres als den Ausdrucksträger der Persönlichkeit. *Geris* hebt dabei den Raben als Subjekt seiner Schönheit an der Tonstelle hervor;[25] das Wort ist gebraucht von Kleidern oder Waffen, die man führt, von Körperteilen, die man in gewisser Beschaffenheit an sich hat, und endlich von Eigenschaften, mit denen der Körper angetan ist. Zugleich meint es „zur Schau tragen, an den Tag legen“[26].

Nun sollte der Rabe „auch noch“ (wie man einsetzen muß) „Stimme haben“, was soviel bedeutet wie „eine schöne Stimme haben“, fast soviel wie „echter Singvogel sein“.[27] Diese Bedingung wird in Form eines Kondizionalsatzes eingeführt, der den Raben sozusagen in Zugzwang versetzt, die Bedingung zu erfüllen. Keiner ist dann *prior* (v. 8), wobei sich aus dem Begriff des „früher“ die Bedeutung „vorzüglicher“ entwikkelt.[28] Das Wort *ales* ist weitgehend poetisch und steigert die Verführung; dabei bleibt der Fuchs innerhalb der Vogelwelt und wirkt glaubhaft. Als erstes aller Tiere könnte er den Raben nicht bezeichnen. Ob *foret* für *esset* eine besondere Bedeutung hat?

d) Der Rabe fällt herein

v. 9 und die erste Hälfte von v. 10 gehören dem Raben, doch nur, um alles falsch zu machen; bis zum Ende von v. 11 handelt der Fuchs furios; v. 9 und v. 10 führen das Tun des Raben eher

---

25 Niemann (vgl. Anm. 9), 67.

26 Burmann (vgl. Anm. 10): *gerere, id est possidere, ut et tu proferas et alii id respiciant et observent.*

27 Niemann (vgl. Anm. 9), 68f., meint, auf dem Hintergrund der Häßlichkeit des Raben werde die wahrheitsgetreue Angabe einer weiteren Schwäche des Tieres, der schlechten Stimme, durch die Form des Irrealis zum maximalen Anreiz für den Raben, das Gegenteil zu beweisen. Demgegenüber vgl. Buffon (zitiert in der Ausgabe von A. Brenot): le corbeau a un grand nombre d'inflexions de voix répondant à ses differentes affections interieures etc. Eine Singstimme ist es freilich immer noch nicht.

28 Burmann (vgl. Anm. 10): *melior, potior, praestantior.*

langsam und gemessen vor, während besonders in v. 11 durch die Versauflösungen das zielbewußte Handeln des Fuchses nachgezeichnet ist.

At (v. 9) drückt wohl den kommenden Gegensatz zum geschilderten Glanz aus. Wenn auch *stultus* auf *dum vult ostendere* zu beziehen ist,[29] bleibt bestehen, daß der Rabe, der bisher noch nichts getan hat, dadurch vorcharakterisiert ist; er ist eben schon in v. 1.2 gemeint, und jeder ahnt sein Verhalten voraus.[30]

Dum vult vocem ostendere antwortet zu Beginn des zweiten Fabelteiles auf das Ende des vorangehenden (v. 8 *si vocem haberes*); man müßte übersetzen, der Rabe wolle die erwähnte, ihm zugeschriebene Stimme vorführen. Es ist das Wort, das ihm vom Fuchs insinuiert ist und sich in seinem Kopf festgesetzt hat; er handelt beinahe zwanghaft, doch bleibt es beim Wollen (v. 9 *vult;* vgl. v. 4 *vellet*). *ostendere* klingt an *ostentatio* an, das „Zur-Schau-tragen, Prahlen mit etwas".

e) Rasches Handeln des Fuchses

Er läßt den Käse fallen, den der Fuchs an sich reißt. Am Beginn des Relativsatzes (v. 10 *quem*) schwingen Handlung und Rhythmus um: der Fuchs agiert wieder, und die Tonführung bis *dentibus* (v. 11) ist von Ironie, Leichtigkeit und Heiterkeit gekennzeichnet.

Nun erhält auch der Fuchs sein Adjektiv (v. 11 *dolosa*), das hier zwar durch die Situation begründet ist, zugleich aber „stehend" wirkt und an *subdolis* in v. 1 ebenso erinnert wie es das bisherige Handeln des Tieres begründet. Sein Gegenstück ist *stultus* (v. 9).

---

29 Nach Siebelis, J./Polle, F.: Phaedri fabulae mit Anmerkungen, 6. Auflage. – Leipzig 1889 z. St.

30 Im übrigen sind Raben oder Krähen keineswegs dumm.

Auch der Fuchs raubt den Käse (v. 3 *raptum;* v. 11 *rapuit*), er mit den gierigen Zähnen. Die personifizierte Einzelheit rückt das Zufassen und Zubeißen noch deutlicher ins Bild, ebenso die Versauflösungen.[31]

f) Schmerzliche Erkenntnis beim Raben

Nun erst (v. 12 *tum demum*), als es zu spät ist, erkennt der Rabe die List; diese Aussage muß man ergänzen.[32] Dann seufzt er auf (v. 12 *ingemuit*), was seinen Schmerz anzeigt; man spürt aber, daß er trotz der Reue dumm bleiben wird. Zugleich ist das schmerzliche Krächzen die Parodie auf seinen Gesang.
Der Rabe ist getäuscht und hat sich getäuscht; *deceptus* (v. 12) ist halb medial. Schuld ist sein „schwer begreifender Stumpfsinn" (*stupor*). Phaedrus hat „eine aus der Rhetorenschule stammende Neigung, Eigenschaften durch Substantiva auszudrücken, z. B. ‚des Raben betrogenes Staunen'", sagt O. Ribbeck[33]; besser wird man sagen, daß solche Abstraktion auch zur Fabel gehört, die ja Eigenschaften u. ä. abstrahiert.[34]
Der Rabe scheitert, weil er weder die Lage noch den Fuchs noch sich richtig einschätzt.[35] Am Ende sehen wir einen raffinierten Schmeichler, der einen Dummkopf hereingelegt hat und die Beute an sich reißt, während der Betrogene dumpf wütend dasitzt und aufseufzt. Die Fabel hat auch einen beträchtlichen Zug zum Pessimismus.

---

31 Vgl. – ebenfalls auf dem Höhepunkt des Handlungsablaufes – I 4, 5 *eripere voluit; verum decepta aviditas.*

32 Burmann (vgl. Anm. 10): *tum demum: eleganter notat iudicii tarditatem.*

33 Ribbeck (vgl. Anm. 5), 32.

34 Pisi (vgl. Anm. 10), 48 zum Gebrauch von Abstrakta bei Phaedrus. – Cicero, Philippica 2, 30 *stuporem hominis vel dicam pecudis.* – Ob der Anklang *nitor* (v. 6) an *stupor* (v. 12) beabsichtigt ist?

35 Niemann (vgl. Anm. 9), 68.

5.2.2 *Der Aufbau der Fabel I 13*

Der Aufbau der Fabel ist klar[36]: v. 1.2 Promythion; v. 3–5 die Lage; v. 6–8 Rede des Fuchses; v. 9–11 deren Ergebnis; v. 12 späte Einsicht des Raben. Das sind dreimal drei Verse, wobei die Mitte die Rede des Verführers bildet. v. 1.2 und v. 12 ergeben zusammen nochmals drei Verse. Die Fabel ist also sorgfältig komponiert, wobei die Form dem Inhalt folgt.

Tafelbild zu Phaedrus I 13

5.2.3 *Unechtheit des Epimythions*

Das Epimythion ist nicht von Phaedrus, bei dem es grundsätzlich nur ein Pro- oder ein Epimythion gibt.[37] Weshalb aber entstand das Bedürfnis, hier einen solchen Anhang zu schreiben? Der Grund liegt in der schon seit der Überschrift auffallenden Verschiebung des Handlungsgewichtes auf den Fuchs.

---

36 Vgl. NIEMANN (vgl. Anm. 9), 67.
37 IV 25 und Periocha 12.22 sind keine Gegenbeweise.

Das Promythion beschäftigt sich demgegenüber vorwiegend mit dem Raben, und so wollte der Nach-Dichter auch dem Fuchs begrifflich seinen Anteil geben, indem er aus dessen Verhalten eine – zweite – Regelhaftigkeit abstrahierte. So ergibt sich eine Fabel, die von zwei Seiten her beleuchtet wird; dabei muß man dem Späteren zugeben, daß sein Verfahren recht sinnvoll war.

5.2.4 *Zum „Nachleben" der Fabel I 13*

Nur wenige Fabeln sind so häufig erzählt worden wie diese. Aus der Antike stammen Aesop 124; Babrios 77. Ob sich Horaz, Satire II 5, 56 und Epistel I 17, 50f. auf die Fabel beziehen, ist strittig. Weitere Autoren sind bei LINDNER genannt und abgedruckt, z. B. E. ALBERUS usw.[38] Wenig überzeugend die wortreiche Umformung Lessings (Fabeln 2,15)[39], merkwürdig die politisch-satirische Fabel Grillparzers.[40] Besonders reizvoll ist die Abwandlung des Stoffes bei J. Thurber.[41] Hier kennt nämlich zumindest der Fuchs die Fabel schon und will deren psychologischen Mechanismus in Gang setzen, doch gelingt dies nicht, weil der Rabe darauf nicht reagiert. Dieser übersteigert nämlich die Eitelkeit, indem er dem Fuchs nicht dafür, daß dieser ihn lobt, ein Stück vom Käse schenkt, sondern dafür, daß er zuhört, wie der Rabe sich selbst lobt. Der „moderne Mensch" fühlt sich also durch fremdes Lob nicht oder nur wenig geschmeichelt; erst hemmungsloses Selbstlob macht ihn zufrieden. Er steigert die Mittel des psychologischen Genusses ins Brutale.

---

38 LINDNER, H.: Fabeln der Neuzeit. – München 1978.

39 Guter Vergleich von Phaedrus und Lessing bei NIEMANN (vgl. Anm. 9), 68f.

40 Abgedruckt bei LINDNER (vgl. Anm. 38) und POSER, TH.: Fabeln. Arbeitstexte für den Unterricht. – Stuttgart 1975, 39; vgl. auch DITHMAR, R.: Fabeln, Parabeln und Gleichnisse. – München o. J. (dtv).

41 Abgedruckt z. B. bei FIRNKES (vgl. Anm. 8); sehr guter Vergleich mit Phaedrus bei NIEMANN (vgl. Anm. 9), 68f.

5.2.5 *Behandlung der Fabel im Unterricht*

Im Unterricht kann man, besonders auch in Zusammenhang mit dem Fach Deutsch, Fabeltheorie und Rezeptionsgeschichte behandeln, kann durch den Vergleich von Fabeln die jeweilige Auffassung hervorheben, kann Fabeln malen lassen und auch zur Dichtung eigener Fabeln über „Rabe und Fuchs" anregen, wobei die Schüler rasch erkennen, daß jede Zeit und alle Autoren ihre eigenen Probleme auf den vorgegebenen Stoff anwenden. Da Tiere keine eigentlich historischen Eigenschaften haben, eignen sie sich für solche Übertragungen sehr gut.

5.3 **Zweites Beispiel: Dreister Flötenspieler (V 7)**

5.3.1 *Die „neue Art" von Fabeln bei Phaedrus*

Phaedrus hat sich im Lauf der Zeit als Dichter entwickelt und darüber auch die Leser unterrichtet;[42] er hat der Fabel nämlich neue Stoffe, Gegenstände und Bezirke erschlossen, so auch in V 7, einem Pendant zu V 5. Beide Fabeln behandeln nicht die Tierwelt, sondern stadtrömische Theatergeschichten[43], wobei Phaedrus vermutlich V 7 selbst erlebt hat.[44]

---

42 Vgl. z. B. Praef. IV 11 *quas Aesopias (fabulas), non Aesopi nomino ... usus vetusto genere, sed rebus novis;* IV 21,8 *inventi ille, nostra perfecit manus.* Phaedrus bezeichnet also alle seine Werke als Fabeln. Zur Entwicklung des Dichters vgl. PRINZ, K.: Zur Chronologie und Deutung der Fabeln des Phaedrus. In: Wiener Studien 43 (1922/23), 62–70; PETERS, W. M.: Phaedrus. Een Studie over Person, Werk en Taal van den Romeinschen Fabeldichter. – Nijmegen 1946; SWOBODA, M.: De Phaedro Aesopi aemulatore. In: Eos 52 (1962), 323–336.

43 In v. 5,5 ist vielleicht eine griechische Jahrmarktschnurre stadtrömisch umstilisiert, vgl. WEINREICH, O.: Epigrammstudien I. Epigramm und Pantomimus usw., SB Heidelberger Akademie, Phil.-hist. Kl. – Heidelberg 1949, 151. WEINREICHS Ausdruck „Novellenfabeln" trifft nicht.

44 WEINREICH, 152, zu einer möglichen schriftlichen Quelle des Phaedrus.

Der Übergang des Phaedrus von der Tierfabel zum menschlichen Geschehen war schon in griechischen Fabelsammlungen vorgebildet. Es ist ja auch klar, daß ein Fabeldichter die stets von ihm verlangte Übertragung ins Menschenleben auch einmal selbst vornehmen möchte und zeigen will, daß hier nicht nur die gleichen Gesetze wie in der Fabelwelt walten, sondern sich auch gleichartige Vorgänge abspielen. Die Fabel verliert dabei ihren Schlüsselcharakter und ihre Allgemeinheit, gewinnt jedoch dafür an Direktheit und Lebensbezug. Dann könnte man die Tierfabel fast als Umweg, als Versatzstück ansehen. Phaedrus hat jedenfalls den literarischen Spielraum der Fabel beträchtlich erweitert, und im 5. Buch zieht „in breitem Strome römischer Stoff ein".[45] Es ist dies vielleicht ein eher römischer Zug;[46] dabei bleiben die Geschichten für Phaedrus Fabeln, „lehrhafte Geschichten"[47], sind auch grundsätzlich mit lehrhaften Promythien versehen, weil sie Fabeln sind.[48] Sie unterscheiden sich von den bisherigen Fabeln nur durch ihre Länge und den breiteren Erzählduktus.[49] Dies trifft auch zu auf die Fabel V 7:

45 Weinreich (vgl. Anm. 43), 149.

46 Es gibt aber auch bei Babrios auftretende Menschen, Einwohner von Städten, Gegenstände.

47 So mit Recht Hausrath, A.: Zur Arbeitsweise des Phaedrus. In: Hermes 71 (1936), 70–103; hier 102: „Er will nicht stilgerechte Schwänke und Novellen schreiben."

48 Ob der Ausdruck „Anekdote" angebracht ist, wie Schnur (vgl. Anm. 16), 223, meint? Falsch schon Rittershausen: *non fabulam hanc esse, sed historiam* (bei Burmann; vgl. Anm. 10); Bücheler, F.: Kleine Schriften, Band 2, 454. – Berlin 1927, spricht mit Recht von *lepidissima fabula* bei V 7.

49 Am Faktum bei 5,7 zu zweifeln, ist kein Anlaß; Weinreich (vgl. Anm. 43), 149.

5.3.2 *Text und Übersetzung*

Procax tibicen

Ubi vanus animus aura captus frivola
Arripuit insolentem sibi fiduciam,
Facile ad derisum stulta levitas ducitur.
Princeps tibicen notior paulo fuit
Operam Bathyllo solitus in scaena dare.
Is forte ludis (non satis memini quibus),
Dum pegma rapitur, concidit casu gravi
Nec opinans et sinistram fregit tibiam,
Duas cum dextras maluisset perdere.
Inter manus sublatus et multum gemens
Domum refertur. Aliquot menses transeunt,
Ad sanitatem dum venit curatio.
Ut spectatorum mos est et lepidum genus,
Desiderari coepit, cuius flatibus
Solebat excitari saltantis vigor.
Erat facturus ludos quidam nobilis,
Et incipiebat a se Princeps ingredi.
Adducit pretio precibus, ut tantummodo
Ipso ludorum ostenderet sese die.
Qui simul advenit, rumor de tibicine
Fremit in theatro. Quidam affirmant mortuum,
Quidam in conspectum proditurum sine mora.
Aulaeo misso, devolutis tonitribus
Di sunt locuti more translaticio.
Tunc chorus ignotum modo reducto canticum
Insonuit, cuius haec fuit sententia:
„Laetare incolumis Roma salvo principe!"
In plausus consurrectum est. Iactat basia
Tibicen: gratulari fautores putat.
Equester ordo stultum errorem intellegit
Magnoque risu canticum repeti iubet.
Iteratur illud. Homo meus se in pulpito
Totum prosternit. Plaudit illudens eques.
Rogare populus hunc coronam existimat.
Ut vero cuneis notuit res omnibus,
Princeps, ligato crure nivea fascia
Niveisque tunicis, niveis etiam calceis
Superbiens honore divinae domus,
Ab universis capite est protrusus foras.

Dreister Flötenspieler

Wenn sich ein eitler Mensch, von wertloser Volksgunst verführt, ein überhebliches Selbstgefühl anmaßt, wird sein töricht-hohles Wesen leicht zum Gespött.

Der Flötenspieler Fürst war ein wenig bekannter als andere, weil er den Bathyllus auf der Bühne immer mit seinem Spiel begleitete. Zufällig tat er bei Spielen (ich weiß nicht mehr recht, welchen), als die Flugmaschine sauste, unversehens einen schweren Fall und brach die linke Beinröhre, wo er doch lieber seine zwei rechten Flötenrohre zerbrochen hätte. Man hob ihn mit Händen auf und trug den schwer Stöhnenden nach Hause. Einige Monate gehen ins Land, bis ärztliche Pflege zur Heilung führt. Wie es dem Wesen des lieben Publikums und seiner netten Art entspricht, verlangte man nach dem Manne, dessen Flötenspiel sonst so oft den Tänzer zu kraftvollem Sprung anfeuerte. Ein Vornehmer wollte Spiele geben, als Fürst gerade wieder allein zu gehen begann. So brachte er ihn mit Geld und guten Worten dazu, sich am Spieltag selbst wenigstens einmal sehen zu lassen. Als der Tag gekommen war, summten im Theater die Gerüchte vom Flötenspieler. Manche behaupteten fest, er sei gestorben, manche wieder, er werde alsbald auftreten und sich sehen lassen. Der Vorhang senkte sich, der Donner verrollte, und Götter sprachen, wie es Brauch ist. Dann stimmte der Chor eine Hymne an, die dem eben erst Zurückgekehrten noch unbekannt war und in dem Ruf gipfelte: „Sei glücklich, Rom, du bist gerettet, denn dein Fürst ist heil!“ Geschlossen erhob sich das Publikum zum Applaus. Der Flötenvirtuose wirft Kußhändchen, meint er doch, seine Anhänger beglückwünschten ihn. Der Ritterstand erkennt den Irrtum des Hohlkopfs und fordert unter lautem Gelächter, die Hymne zu wiederholen. Das Dacapo erfolgt. Unser guter Mann wirft sich richtiggehend auf die Bühnenbretter. Die Ritter klatschen spöttisch, während das Volk meint, Fürst erbitte einen Siegeskranz. Als sich jedoch der Sachverhalt in allen Sitzreihen herumsprach, da wurde Fürst, das Bein weiß eingewickelt, er selbst in weißer Tunika, ja sogar mit schneeweißen Schuhen und sich brüstend mit einer Ehrung, die dem geheiligten Hause galt, vom ganzen Publikum kopfüber hinausgeworfen.

5.3.3 *Interpretation*

a) Vorstellung eines Toren

Die Überschrift charakterisiert den Flötenspieler sogleich; hier ist das Adjektiv nicht generalisierend (vgl. „schlauer Fuchs“), sondern auf eine bestimmte Person bezogen; ob die Berufsangabe leicht abschätzig ist, ist schwer zu sagen („Flötenbläser“).

Das Promythion stellt die unerbittliche Folge eines vorliegenden Sachverhaltes dar (v. 1 *ubi*).[50] Eitelkeit, Wesen ohne gesunde Selbstkritik und ohne Gehalt, wird „besessen“ (*captus*), besser: geblendet durch wertlose Volksgunst[51] und maßt sich[52] überzogenes, anstoßerregendes Selbstgefühl an. Dies führt „leicht“ (v. 3 *facile*) – was die Regelhaftigkeit der Folge und deren leichtes Eintreten ausdrückt – dazu, daß ein leichtfertiger Tölpel, einer, der die Wahrheit nicht erkennt und die Dinge nur obenhin (und subjektiv) betrachtet, der Lächerlichkeit anheimfällt. v. 1 schildert den Ausgangspunkt, v. 2 die resultierende Handlung, v. 3 die böse Folge. Der Allgemeinheit des Satzes entspricht die Verwendung von Abstracta (z. B. v. 3 *levitas*).

b) Unfall auf der Bühne

Die Verse 4–9 spielen auf dem Theater, 10–12 im Hause der Hauptperson; v. 13f. kehrt die Handlung zum Theater zurück.

Phaedrus beginnt in erzählendem Stil, ein klein wenig breiter als in der Tierfabel. *Princeps* (v. 4) steht mit seinem Beruf betont am Anfang; sein Name ist doppeldeutig, da auch der römische Kaiser so hieß.[53] Solche doppeldeutigen Eigennamen gibt es im Lateinischen wie im Deutschen.[54] *Princeps* ist uns aus

---

50 *ubi* kann auch bedingend stehen; wo etwas eintritt, stellt sich auch die Folge ein.

51 *frivola* wäre besser zu erklären mit *quae cito perit,* „veränderlich“, doch ist dies zu frei; vgl. auch v. 13 *lepidum genus,* das vielleicht in gleiche Richtung zielt. Man kann auch übersetzen: „Wenn ein eitles Herz, von veränderlicher Volksgunst berauscht, unerhörte Ansprüche laut werden läßt.“

52 *sibi* malt den persönlichen Ehrgeiz; *arripere* ~ etwas nicht Zustehendes an sich reißen.

53 *Princeps* hieß der Kaiser als „erster Bürger“, Leiter des Staates.

54 Lateinisch: *Rex;* deutsch: König, Kaiser, Fürst.

einer antiken Inschrift mit vollem Namen bekannt; er hieß *Lucius Cassius Princeps Cappa.*[55]

Fürst ist „etwas bekannter" als andere seinesgleichen, weil er einen Star begleitet; hier ist schon angedeutet, daß der Mensch seinen Ruhm und damit sich selbst zu hoch einschätzt. Eigentlich lebt er weitgehend vom Ansehen des Bathyllus; der Nebenkünstler hält sich für die Hauptperson.

Auf der Bühne (v. 5 *scaena*) ist Fürst „gewohnt" (Berufsangabe), dem Bathyllus „Dienste zu leisten"; der Ausdruck klingt wieder etwas einschränkend, eher nach Geschäft (fast: *operam locare*) als nach Kunst, auch dies, um die Selbstüberschätzung Fürsts anzudeuten.

Bathyllos aus Alexandreia (ursprünglich Theoros), Freigelassener des Maecenas, der – wie auch Augustus – für ihn schwärmte, war der Begründer der römischen Pantomime. Die Pantomime war eine seit Augustus inhaltlich und formal festgewordene Gattung. Meist trat ein Tänzer, oft in prunkvoller Kleidung, auf, begleitet von einem Chor, der den (meist griechischen) getanzten Mythos in griechischer Sprache sang. Dazu spielte ein Orchester (Flöten, Syrinx u. ä.). Beliebte Rollen waren Ganymedes, Europa u. a.; Bathyllus gab übrigens solche „kammermusikalischen Spiele" auch heiteren Inhalts.

Princeps leitete wohl ein kleineres Kammerorchester für Bathyllus, war Komponist, Dirigent und Konzertmeister zugleich. Die Flöten entsprachen unseren heutigen Violinen.[56]

„Musik und Spiel waren gut."[57]

v. 6–9 schildern einen Bühnenunfall, den Phaedrus entweder selbst erlebte oder später hörte; dabei bildet das persönliche

55 Aus Ameria; CIL XI 4424; Dessau 5239; *L. Mini tibicinis Cassia uxor, L. Cass. Principis Cappae;* was Kappa, wohl ein Spitzname, bedeutet, ist unklar. – Hausrath (vgl. Anm. 47) 70,2: 5,7 unter Nero zu publizieren, der selbst Flöte spielte, wäre wohl bedenklich gewesen.

56 Weinreich (vgl. Anm. 43), 156.

57 Weinreich (vgl. Anm. 43), 155.

Auftreten des Phaedrus innerhalb einer Fabel (v. 6 *memini*) einen literarischen Fortschritt.[58] Das *pegma* wird mit größter Geschwindigkeit bewegt (v. 7 *rapitur*), vielleicht durch versenkbare Gewichte. *pegma* ist mehrdeutig: entweder meint es ein Gerüst (hier nicht) oder eine rasch drehbare Maschine (hier vermutlich) oder eine Kulisse (hier kaum). Vermutlich wurde ein Schauspieler (Bathyllus?) rasch bewegt, und Fürst, der vielleicht nicht achtgab,[59] wurde von der Maschine „unversehens" erfaßt und umgeworfen. Vielleicht erwartete er auch die Bewegung der Maschine nicht; das Präsens (v. 7 *rapitur*) malt deren Raschheit.

Fürst bricht das Schienbein, *tibia;* das Wort ist später übertragen auf die (beinerne) Flöte. Man spielte die *tibia*, die unserer Klarinette ähnelt, so, daß man gleichzeitig zwei durch ein Mundstück verbundene (Doppel-) Tibien blies, deren eine rechts, die andere links gehalten wurde; doch verband man auch zwei rechte Flöten mit einem Mundstück und spielte sie zusammen. Die rechten waren im Ton heller, die linken dunkler; die rechten galten auch als „männlicher", was gut zu v. 15 (*vigor*) paßt. Dieses Spiel der hellen Doppelklarinette oder Doppel-Blockflöte (es waren ja keine Querflöten) paßt wiederum zu der Nachricht, daß der bathyllische Pantomimus der Komödie nahestand.

Das frostige Wortspiel in v. 9 dient vorwiegend der Mitteilung, daß Fürst rechte (Diskant-) Flöten blies. *maluisset* will sagen, daß er lieber einen Sachschaden in Kauf nehmen wollte als den Körperschaden, der auch Verdienstausfall brachte und u. U. seine Stellung gefährdete.

---

58 Weinreich (vgl. Anm. 43), 152: „daß diese Wendung auch gewählt sein kann, um den Schein des Selbsterlebten zu erwecken."

59 Oder die Arbeiter paßten in der Eile nicht auf.

v. 10–12 malen in Rhythmus, Satzbau und Tempusgebung das langsame Hinaustragen und die mühsame Genesung nach. Fürst ruht beim Hinaustragen auf und zwischen den Händen der Träger[60]; Er seufzt heftig (v. 10 *multum;* wohl auch „oft"). Endlich kommt später die Pflege ihrem Ziel, der Gesundung, nahe (v. 12).

c) Der „Star" wird vermißt

Die Zuschauer im Theater vermissen Fürst, wie es ihre Art und ihr nettes Wesen ist (v. 13 *mos est* etc.).[61] *Lepidus* meint „zierlich, witzig, zu Späßen aufgelegt, liebenswürdig, heiter". Der Ausdruck scheint ein wenig kritisch und eine gewisse launische Art anzudeuten; Siebelis übersetzt (z. St.) „ein gutmütiges und spaßhaftes Völkchen". Die Leute sagen etwa: „Jetzt wollen wir einmal wieder Fürst hören." Ein starkes Verlangen scheint nicht angedeutet; Fürst bildet sich dies später ja nur ein.[62] Andererseits ist es glaubhaft, daß man den gewohnten Begleiter des Pantomimen vermißte (v. 14 *desiderari*). Zwischen den Vorstellungen in v. 6 und v. 19 müssen also weitere stattgefunden haben. Man wünscht den zu hören, dessen Melodien[63] den Tänzer ermunterten. Vielleicht hat Phaedrus ein Bild im Sinn: das Blasen (v. 14 *flatibus*) des Spielers erweckt das (schlafende) Feuer des Tänzers. Er nennt übrigens den Namen nicht; das Publikum vermißt nicht die Person, sondern den Begleiter des Tänzers. Dabei könnte man mithören, daß dieser ohne jenen nicht mehr ganz so hinreißend tanzte. Ob man aus *vigor* (v. 15) auf die Energieentfaltung von Pantomimen schließen darf, ist fraglich.

---

60 Vgl. Cicero, in Verrem 5,11 *alius inter manus ... auferretur.*

61 So die Handschrift; L. Müller (Phaedri Fabulae, hrsg. von L. Müller, Leipzig 1868, z. St.) las *molle est et lepidum genus,* gefolgt von Weinreich. Die eine Charakteristik genügt jedoch.

62 Burmann (vgl. Anm. 10) sehr gut *solet esse lepidum seque a tibicine exhilarari volunt; genus lepidum: quod gaudet rebus laetis ac iucundis.*

63 Dies ist gemeint: *flatibus = cantibus; tibicines = flatores;* Festus: *flator: tibicem.*

d) Fürst tritt wieder auf

Man könnte als Übergang zu v. 16 einsetzen: „Und wirklich traf es sich, daß ...". Ein Vornehmer gibt Spiele; sein Name wird, weil für die Fabel ohne Bedeutung, nicht genannt.[64] Man bezog diese Spiele auf die *ludi votivi pro salute Augusti* (9 n. Chr.), doch halte ich das für unwahrscheinlich; solche, doch offiziellen, Spiele veranstaltet kein *quidam,* und sei er noch so hochstehend. So etwas war Sache des Senates oder eines anderen Gremiums.

et am Beginn von v. 17 bezeichnet die Gleichzeitigkeit von Vorbereitung der Spiele und der Genesung; zu übersetzen wäre es „und so traf es sich gut, daß ...". Fürst geht wieder *a se,* ohne Krücken, fremde Hilfe; er macht die ersten Gehversuche (*incipiebat*).

Der Spielgeber bringt Fürst „durch Geld und gute Worte", Lehnübersetzung für die häufige Formel *prece pretio* (v. 18), zum Auftreten[65]; nur sehen lassen (*tantummodo* gehört zu *ostenderet*) soll er sich, und dies – weiter eingeschränkt – nur an diesem einen Tag (v. 19 *ipso ... die*). *ostenderet* klingt dabei durch die Versauflösung ein wenig pretiös-tänzerisch.

e) Spannung im Theater

Die Verse 20–22 malen – auch durch das Präsens der Verben – die Spannung im Theater vor der Vorstellung. Kommt Fürst? *Qui simul(atque) advenit* meint aber den Spieltag[66], an dem im Hörerrund die Gerüchte dumpf brausen.[67] Die Verschiedenheit der Gerüchte ist durch *quidam – quidam* auch äußerlich

64 Ganz ähnlicher Ausdruck in 5, 5, 4 *facturus ludos quidam dives nobilis.*

65 Nachricht über Künstlergagen; der Veranstalter will dem Publikum etwas bieten.

66 Perry (vgl. Anm. 10) falsch: As soon as he arrived; richtig Schnur (vgl. Anm. 16): Es kam der Tag.

67 Phaedrus ist hier ein kleiner Vorgänger des Tacitus, der dem *rumor* breiten Raum einräumt.

bezeichnet; die einen meinen, Fürst sei tot (er war also noch nicht außer Hauses gewesen), die anderen, er werde sich gleich sehen lassen. Dies ist doppelt ausgedrückt durch *in conspectum* und durch *proditurum* (vgl. v. 19 *ostenderet*); *prodire* bedeutet beinahe *in scaenam prodire* („auftreten"). Übrigens entschuldigt die Schilderung der Spannung im Theater – entgegen der Fabel-Absicht – das spätere Verhalten von Fürst bis zu einem gewissen Grade: Er muß sich ja geschmeichelt fühlen.

f) Einleitung zum Spiel

In v. 23.24 schildert Phaedrus die üblichen Anfangsbräuche eines Pantomimenspieles; es sind drei Teile (zwei in v. 23, knapp vorgestellt, einer in v. 24). Zuerst geht der Vorhang herab (*misso = demisso*)[68], dann verrollt der das Erscheinen der Götter ankündigende Donner, bei dem Steine hinter der Bühne (wohl auf Bleche) herabfielen.[69]

Dann sprechen die Götter einen allgemeinen Prolog; sie traten wohl regelmäßig auf (v. 24 *more tralaticio*) und segneten vielleicht die Veranstaltung, eröffneten sie auf diese Weise. Es waren vielleicht Bacchus und Apollo, denen die Theater geweiht waren. Ich glaube nicht, daß dieser allgemeine Prolog sich bereits auf den folgenden Pantomimus bezog (etwa in Art des Euripides); es hätte ja auch wenig Sinn, nach einem spielbezogenen Prolog noch einen Kaiserhymnus (wie hier) einzuschalten[70], und für eine bloße „Ansage" standen die Götter zu hoch.

---

68 Vgl. Horaz, Satire II 1, 189 *aulaea premuntur.*

69 Burmann (vgl. Anm. 10): *saxis deiectis post scaenam, magno cum fragore, ut ex Festo constat, voce Claudiana tonitrua.*

70 Dies gegen Weinreich (vgl. Anm. 43), 159, der die *locuti* willkürlich als generellen Plural versteht und von „feierlicher Ansage" (unklar) oder „dramatisiertem Vorspruch" (des Pantomimus?), „Götterprolog" spricht. Noch undeutlicher Friedländer/Wissowa 2, 180: „allegorisches Festspiel."

g) Hymnus auf den Kaiser

In den Versen 25–27 ist ein Hymnus auf den Kaiser (wohl noch Augustus) geschildert; schon die frühe Kaiserzeit kennt ein Zeremoniell. Ob ein eigentlicher Chor sang? Vermutlich waren es die Schauspieler und Musiker, die sangen, vielleicht auch bei Zwischenakten; sie standen auf der Bühne. Das Lied ist dem „eben erst" auf die Bühne Zurückgekehrten fremd, bildet also einen neu eingeführten Brauch und ist kein einmalig gesungenes Lied. Es begründet den Irrtum Fürsts, zeigt aber, daß der Hymnus schon vorher in einer Vorstellung erklang, der dem erst Zurückgekehrten noch fremd war.[71]

Das erklingende Lied hatte eine *sententia;* SCHNUR und PERRY übersetzen „Refrain", was denkbar ist. „Text" ist vielleicht zu eng, denn die Hymne wird länger als v. 27 gewesen sein, wenn auch nicht sehr viel länger.

Die Hymne vermittelt die Atmosphäre des beginnenden Kaiserkultes in Rom; man meint, eine etwas ausgeweitete Münzaufschrift zu lesen. Phaedrus gibt den Text wohl nicht wörtlich, stellt aber *Roma* und *principe* gut an betonte Stellen.[72] Die Konstruktion ist mehrdeutig: *salvo principe* ist *Ablativus causae* zu *incolumis,* hängt aber auch von *laetare* ab. Um dies zu zeigen, stehen in v. 27 keine Kommata. Das Wohl Roms wird einfach mit dem des *princeps* gleichgesetzt.[73] Fürst übrigens mußte spätestens an dieser Stelle erkennen, daß er nicht gemeint sein konnte. Die Verse 28–34 sind im Präsens abgefaßt, weil die Ereignisse dem Höhepunkt zustreben. Das gesamte

---

71 Wenn die Lesart *modo reducto* für *more dicto* stimmt; *modo reducto* ersetzt einen Kausalsatz: „Weil er ..."

72 Vgl. die Parallele bei Sueton, Caligula 6: *Salva Roma, salva patria, salvus est Germanicus.* Manche beziehen die Fabel auf dieses Ereignis, andere auf den Sturz Sejans. Jedenfalls sagt WEINREICH (vgl. Anm. 43), 160, mit Recht, dieser Typus einer hymnischen Kaiserakklamation (?) sei damals noch neu gewesen. – Zu Begrüßungsliedern für Kaiser vgl. ALFÖLDI, A.: Monarchisches Zeremoniell. In: Römische Mitteilungen 49 (1934), 79f.

73 Zum Abl. causae vgl. CIL IV 1074: *vobis salvis felices sumus;* CIL III 6009, 9: *salvo Augusto aurea saecula videmus.*

Publikum steht geschlossen zum Applaus auf; der Plural (v. 28 *plausus*) malt die „Beifallskundgebungen" oder „Beifallsstürme" nach.[74] Gemeint ist natürlich der – anwesende? – *Princeps.*

h) Fürsts törichtes Mißverhältnis

Fürst wirft Kußhändchen als Zeichen der Verehrung des Publikums.[75] Wieder ist die Frage, ob das Subjekt *tibicen* (29) ein wenig abschätzig klingt (was ich meine).
Fürst steht auf, „weil" er meint, der Beifall gelte ihm (die Kausalität ist durch den Doppelpunkt angedeutet). Er meint, man beglückwünsche ihn (*sibi*), weil er wieder auftreten kann, und schreibt dies seinen Gönnern, seiner Anhängerschaft (wir würden sagen: Fans) zu.[76] Gerade nun in *putat* (29) liegt sein Fehler: Er schätzt – was freilich seine Dummheit und Eitelkeit beweist – die Situation falsch ein, ist aber nicht absichtlich unehrerbietig.[77]

i) Die Ritter legen Fürst herein

Die Zuschauer sitzen nach Stand und Rang, die Senatoren ganz nahe der Bühne, die Ritter mit Angehörigen in den ersten 14 Reihen, die gewöhnlichen Bürger darüber. Die Ritter sind daher als kompakte Gruppe dargestellt (v. 30 *equester ordo*); sie sitzen näher der Bühne als das Volk und erkennen den

---

74 *Consurrectum est* (v. 28): Als besondere Ehre, vgl. Cicero, ad Atticum 2,19: *stantes plauserant;* Sueton, Augustus 56: *assurectum ab universis in theatro et a stantibus plausum;* vgl. engl. standing ovation.

75 Kußhändchen warf man sonst Gottesbildern zu, auch dem Kaiser. Umgekehrt grüßte Otho das Volk ebenso.

76 Man kennt das verbreitete Anhänger(un)wesen der Kaiserzeit für Schauspieler, Gladiatoren, Wagenlenker, besonders die Blaue und Grüne Partei.

77 Nicht viel besser ist das Volk; vgl. v. 34 *existimat.* – Lukian, Pseudolus 19, bezeugt, daß der Führer (!) einer Pantomimengruppe vortrat, die Zuschauer um Beifall bat und Kränze zugeworfen bekam (vgl. 34). Ob Fürst „im üblichen Rahmen der Stücke und des Personals" auftrat (Weinreich, 158), ist fraglich; er wurde vielleicht – wie bisher – vom „zweiten Konzertmeister" (Weinreich, 158) vertreten und ließ sich nur sehen (vgl. 19).

lächerlichen Vorgang rascher, sind auch klüger als das Volk (vgl. 34). v. 30 *stultum errorem* ist der entscheidende Ausdruck. Fürst sieht nicht, daß er zu hoch greift.[78]

Die Ritter verlangen ein Dacapo. *repetere* scheint Fachausdruck; man rief wohl *repete!* oder *iterum!*[79] So verstärkte man Fürsts Blamage und galt zudem als loyal. Freilich verhalten sich die Ritter recht grausam, wie es oft im Wesen des Witzes liegt. Sie spitzen die Situation zu, übrigens ohne Tadel von Phaedrus.

„Mein Mann" fällt nun erst recht herein[80]: Der Gesang wird wiederholt (v. 32 *iteratur* wohl Fachausdruck). Fürst ist auf dem *pulpitum,* vermutlich einer Erhöhung am vorderen Teil der Bühne oder einer Orchestertribüne am Bühnenrand. Er streckt sich dankend (oder bittend) zu Boden[80], während die Ritter spöttisch klatschen.[82]

Das Volk versteht den Vorgang anfangs falsch; im Grunde wäre auch unklar, für wen Fürst den Kranz erbittet, für sich oder den Chor.[83]

k) Einbildung muß büßen

Nun endet die Fabel in einer ausladenden Periode (v. 35–39), die auf den Hinauswurf Fürsts hinzielt, aber auch den Gegen-

---

78 Ob der Senat in *equester ordo* einbezogen ist? Oder Phaedrus will dessen Würde nicht in Frage stellen. Die Ritter waren immer der beweglichste Volksteil. – Der Witz liegt in der Deckungsgleichheit zweier Worte *(Princeps/princeps),* einer häufigen Quelle komischer Situationen.

79 Dacapo hieß auch *revocare,* vgl. Livius VII 2,9: *saepius revocatus.*

80 Es ist dies der sogenannte Gemütlichkeitspossessiv; „wo so in der Erzählung von Personen ... Besitz ergriffen wird, werden uns diese menschlich näher gerückt": Havers, W.: Handbuch der erklärenden Syntax. – Heidelberg 1931, 36; vgl. Petron 72: *homo meus.* Havers berücksichtigt aber den ironischen Beiton nicht.

81 Vgl. Cicero, Pro Planco 20; *prosternere se et supplicare alicui;* Nero als Kitharöde im Zirkus: *flexus genu et coetum illum manu veneratus,* Tacitus, Annalen 16, 4,3.

82 *Eques* ist kollektiv; vgl. Horaz, Satire 1, 10,76 *satis est equitem mihi plaudere.*

83 Das Volk entscheidet über den Sieg, vgl. 5,4,34 *acclamat populus.* Der Kranz war aus Blumen oder aus Metall.

satz zwischen seinem Aufputz und seiner Erniedrigung darstellt. Die Spannung ähnelt einem Epigramm: Drohend der Beginn des Unheils (35), dann das Subjekt-Objekt des Geschehens (v. 36 *Princeps*), geschildert in seinem Putz, und am Ende die „Lösung", die sich in den beiden letzten Worten erst (steigernd) voll abzeichnet.

Die Sitzreihen im Theater waren durch Treppen in keilförmige Abschnitte geteilt; [84] hier bedeutet *cuneus* einfach = *populus*. Die Leute werden Fürsts Blamage von den Rittern gehört haben (v. 35 *notuit*).

Fürst in seiner Kleiderpracht wird nochmals vorgestellt: Sein Bein ist weiß eingewickelt, sogar die medizinische Binde ist modisch getönt. „Weiß ist die Farbe des Festes, der Ehrung, ... andererseits auch die Tracht der kaiserlichen Diener und könnte als Hoftracht aufzufassen sein."[85]

„Die Erwähnung der festlichen Tracht erst an dieser Stelle ... ist ein guter Griff ... und steigert die Wirkung des Hinauswurfs fast ins Groteske."[86] Das versehentliche Vergehen Fürsts streift an ein Sakrileg: er maßt sich eine Ehre an, die dem Kaiserhaus zusteht. Phaedrus spricht schon im monarchischen Jargon („Hohes Haus", „Höchste Herrschaften").[87]

v. 39 schildert das Ende. „Alle" werfen Fürst hinaus. Das Publikum handelt also sehr kaisertreu und wird „Hinaus!" rufen; vielleicht holen Bühnenarbeiter oder Leute aus den vorderen Sitzreihen den Sünder von der Bühne und werfen ihn hinaus (es ist nicht bloß ein beschämtes Abtreten). Auch

---

84 Im Theater des Pompeius waren es 6 Keile und 7 Treppen.

85 Weinreich (vgl. Anm. 43), 161. – Stelle: *crure* (abl. qual.) *nivea fascia ligato*. – v. 37 *niveis ... tunicis:* Der Plural steht wegen der Parallelität zu *niveis ... calceis* oder, um die Kleiderpracht zu schildern; Singular wäre möglich.

86 Weinreich (vgl. Anm. 43), 161. – Bücheler (vgl. Anm. 48), 454: *albis Caesareae domus insignibus ornatus*. – Ob die Bürger bei Spielen nur in weißer Toga erscheinen durften, ist unklar; vgl. Sueton, Augustus 40,5 (umstrittener Text).

87 In 38 *domus* liegt das älteste Beispiel in der lateinischen Literatur von „Haus" für „Familie" vor. – *domus* steht im gen. obi. zu *honore*. – Da Fürst stolz ist auf die Ehre, liegt nahe, daß er 34 auch an eine Ehrung für sich denkt.

Phaedrus scheint völlig einverstanden, daß Fürst „am Kopf gepackt“ (besser: kopfüber) und hinausgeworfen wird (*foras*).[88] Der letzte Vers klingt fast wie von W. Busch.

5.3.4 *Beispiel einer Nachdichtung*

O. WEINREICH (153f.) gibt eine hübsche Nachdichtung:

Wo eitler Sinn, von leerer Gunst
des Volks verblendet, seiner Kunst
zu sehr vertraut, wird bald als Lohn
törichtem Leichtsinn folgen – Hohn.
Hans Fürst, Flötiste von Beruf,
sich einen bessern Namen schuf,
als seinesgleichen sonst gelingt;
er hatt' Bathyllen sich verdingt,
ihm auf der Bühne aufzuspielen,
wo dessen Tänze stets gefielen.
Er blies einmal (weiß nicht mehr wann),
ein neuer Akt fing grade an;
man baute um: da streift' ein Stück
von den Kulissen Fürst's Genick.
Er fiel und brach sogleich ein Bein,
und um genauer noch zu sein:
den linken Schienbeinröhrenknochen –
hätt' lieber das Flötenrohr gebrochen!
Man greift gleich zu, er stöhnte auf,
man trug ihn heim. Der Kur Verlauf
zieht über Monate sich hin.
Das Publikum (ihr kennt seinen Sinn:
gutmütig meist, schier spaßig treu)
vermißt den Mann, wünscht den herbei,
durch dessen feurig Flötenspiel
hat Kraft gewonnen des Tänzers Spiel.

---

88 Vgl. 5, 4, 35 *cogit rusticum protrudi foras (populus)*. – Daß das Publikum durch Lärmen das Abtreten mißfälliger Schauspieler erzwang, lehrt z. B. Cicero, pro Roscio comoedo 30; de oratore 3, 196 *(eiciantur)*.

Es traf sich, daß ein reicher Mann
ein Spiel gab (Fürst fing eben an,
am Stock zu gehn). Und der, mit Geld
und gutem Wort nicht karg, erhält
auch zugesagt, Fürst werde sich zeigen
beim Spiel und freundlich sich verneigen.
Fürst ging auch hin. In aller Munde
im Theater zu dieser Stunde
war sein Name. „Hans Fürst ist tot",
sagt Hinz; doch Kunz: „S'hat keine Not,
er kommt, ihr könnt euch drauf verlassen."
Der Vorhang geht auf, und Donnerrasen
erschallt zu Beginn, wie das der Brauch
beim Götterauftritt. Ein Chor sang auch
(der Text war Fürst noch unbekannt):
HEIL ROMA DIR UND HEIL DEM LAND,
BEWAHRT BIST DU, DEIN FÜRST GESUND".
Man klatscht, steht auf. Mein Fürst in die Rund'
Kußhändchen wirft – es kam ihm vor,
als gälte ihm der Glückwunschchor.
Die Ritter in den ersten Reih'n
Sie sehen gleich Fürsts Irrtum ein;
sie halten sich den Bauch vor Lachen
und lassen den Chor Dacapo machen.
Der fängt auch straks von vorne an,
worauf vom Podium unser Mann
sich tief verbeugt. Der Ritterstand
klatscht höhnisch. Hinten an dem Rand,
da sitzt die Plebs; sie meint, Fürst wolle,
daß man dem Chor verzeihen solle.
Doch bald klärt sich der Irrtum auf
und nimmt das Unheil seinen Lauf.
Hans Fürst, die weiße Bind' ums Bein,
im weißen Staatsgewand gar fein,
in weißem Schuh, gebläht von Ehren,
die doch dem Kaiserhaus gehören:
von hundert Fäusten herabgezogen,
fliegt er hinaus in hohem Bogen!

6. Aus den Carmina Burana

Zwei Lieder (CB 17 und CB 191)

6.1 O Fortuna (CB 17)

6.1.1 Didaktischer Rahmen und Lernziele

Die Lehrpläne für Latein als erste und zweite Fremdsprache sehen für die Jahrgangsstufe 10/11 oder in der Oberstufe in der Regel auch die Lektüre christlicher oder mittelalterlicher oder humanistischer Texte vor, wobei sie u. a. das Lernziel „Einblick in historische und kulturelle Aspekte des Mittelalters" verwirklichen wollen.[1] Damit folgen sie vielfachen Empfehlungen, unter anderem denen von E. Hermes und H. Naumann.[2] Wenn auch ein klassischer Philologe dieses Gebiet nicht sehr selbstsicher betreten wird, ist die Thematik doch reizvoll und vielseitig. Zumindest das Fortleben des Lateinischen verdient große Aufmerksamkeit, allgemein und vorzüglich in der Lyrik. Der Schüler lernt auch Bezüge einer uns ‚näher' als die Antike stehenden Welt kennen (wenn das richtig ist) und erfährt die Ausprägung einer lyrischen Kunst, die ihresgleichen sucht.

---

1 Als Beispiele seien angeführt: *Baden-Württemberg* (Bildungsplan für das Gymnasium, Band 1, S. 701) empfiehlt als Zusatztexte: „Lateinische Texte aus Mittelalter und Neuzeit (Latein als gemeinsame Grundlage der geistigen Tradition Europas"; „Mittellateinische Dichtung" kann in besonderen Fällen schon in Klasse 11 gelesen werden. *Bayern:* (Curricularer Lehrplan für Latein als zweite Fremdsprache in der Jgst. 10, S. 501) als fakultatives Angebot: „Einblick in Texte der silbernen Latinität, der Spätantike und des Mittelalters" oder (Curricularer Lehrplan für Latein als erste Fremdsprache in der Jgst. 11, S. 635): „Kenntnis von Proben christlicher, mittelalterlicher und humanistischer Literatur durch Lektüre des Originals." *Nordrhein-Westfalen* (Gymnasiale Oberstufe, Richtlinien Latein, S. 42) „Ergänzungstext: Archipoeta".

2 Hermes, E.: Lateinisches Mittelalter im Unterricht. In: AU 3,4 (1958), 28–58; Hermes gibt eine gute Begründung für die Lektüre und nützliche Literaturangaben; sehr brauchbar auch seine Auswahl wichtiger Stellen. – Die bei Hermes nicht behandelte Lyrik ergänzt Naumann, H.: Lateinische Lyrik im Mittelalter. In: AU 3,4 (1958), 59–88. Ein sehr brauchbares Werk ist Schulz, H., Mittellateinisches Lesebuch, Paderborn 1960 u. ö.

Unterrichtliche Querverbindungen sind in Fülle möglich, in unserem Falle besonders mit den Fächern Geschichte und Musik. Höchst reizvoll ist es auch, die Neubelebung von Stoffen und Formen bei C. Orff mitzuerleben.[3]

Die beiden hier behandelten Gedichte geben dabei wichtige Einblicke in die Auffassung von Schicksal bei einem mittelalterlichen Dichter und in Probleme dichterischer Existenz. Einmal ist die Erfahrung des Unbeständigen in Leben und Schicksal geschildert, der Wechsel im menschlichen Leben. Fortuna steht – auch in Orffs Anordnung der Gedichte – maßgebend über allem Geschehen. Durch ihre statische Präsenz erhebt die Orffsche Szene den Anspruch eines Theatrum Mundanum.[4] Zum anderen wird die Lebensform eines Dichters vorgeführt. Im Archipoeta erkennt man einen Grundcharakter menschlichen Verhaltens und dichterischer Existenz, der in der Literatur immer wieder begegnet, von Catull bis zu P. Verlaine, P. Hille und J. Ringelnatz.[5]

6.1.2 *Voraussetzungen zur Interpretation*

a) Die Begriffe „Mittelalter" und „Mittellateinisch"

Vor der Behandlung wird man besonders die Problematik des Begriffes „Mittelalter" behandeln. E. R. Curtius hat in seinem berühmten Werk „Europäische Literatur und Lateinisches Mittelalter"[6] überzeugend nachgewiesen, daß ein kontinuierlicher Übergang antiker Kultur aus dem Altertum ins Mittelalter

3 Vgl. auch Merwald, G.: Orffs Carmina Burana. In: AU 12,4 (1969), 48–67, und Thomas, W., Latein und Lateinisches im Musiktheater Carl Orffs. In: AU 23,5 (1980), 29–52; Thomas gibt 43ff. didaktische Hinweise.

4 So Thomas, 45 (vgl. Anm. 3).

5 Wir folgen der Textgestalt, wie sie vorliegt im Textbuch zu Carl Orff, Carmina Burana, der Deutschen Grammophon-Gesellschaft; die Übertragung ins Deutsche dort stammt von W. Schadewaldt. Nützlich auch Hertz, W.: Spielmannsbuch. – Stuttgart [5]1931; Carmina Burana (hrsg. von E. Brost, durchgesehen von W. Bulst mit Übersetzung von L. Laistner). – Heidelberg [5]1974; Carmina Burana des Mittelalters, Zweisprachige Ausgabe von G. Bernt. – München 1979 (mit wichtiger Bibliographie).

6 Zweite Auflage, Bern 1954.

erfolgte. Dann ist darauf hinzuweisen, daß es im Mittelalter keineswegs die vielfach benannte „Einheit des Weltbildes“ gab, ebensowenig wie die „Verwirklichung des Glaubens“.[7] Auch mit der – etwa aus manchem Gedicht ablesbaren – großen, unbekümmerten Lebenslust war es sicher nicht so weit her, wie mancher meinen möchte. Drittens muß man dem Klischee vom „Finsteren Mittelalter“ entgegentreten, das uns die Renaissance vererben wollte. Seit nämlich in der Renaissance das Bewußtwerden der Persönlichkeit eintrat, neigte man dazu, die vorhergegangene Epoche als rückständig und „finster“ anzusehen, sicher zu Unrecht, denn die mittelalterliche Philosophie war auf ihre Weise wohl ebenso revolutionär wie spätere Strömungen.[8]
Weiter ist zu betonen, daß das Mittellateinische zwar keine eigentlich lebende Sprache war, sondern die Sprache der Gebildeten, Gelehrten und Staatsmänner, daß es aber doch eine höchst lebendige Fortentwicklung der lateinischen Sprache der Antike war, die sich klug und geschickt den neuen Themen und Gegebenheiten anpaßte.

b) Das Problem der „Vaganten“

Ein weiteres Problem bildet die Lebensform der sogenannten „Vaganten“. Früher gab es eine etwas romantische Auffassung vom Leben und Dichten der „Goliarden“ oder Vaganten, die man sich als lockere Vögel dachte, die lebenslustig von einer Universität zur anderen zogen. Natürlich gab es unter diesen Leuten auch den einen oder anderen verbummelten Studenten, der an den Universitäten herumzog und sich unterwegs das Viaticum von den geistlichen Herrn erbat. Dieser Wissensdrang und Wandertrieb wirkte bis in die Reformationszeit hinein, wie der Lebensgang des wandernden Humanisten und

7 Naumann, 65.
8 Vgl. Hermes, 29 (vgl. Anm. 2).

späteren Rektors der Lateinschule in Basel, Thomas Platter (1499–1582), beweist. Daß der eine oder andere dieser wandernden Scholaren auch dichterische Fähigkeiten besaß und lateinische Gedichte schrieb, ist möglich.

Aber dieses etwas romantische Bild der Spielmannsdichtung muß eingeschränkt werden. Man darf dem „Vagantenmythos" nicht folgen und muß sehen, daß die meisten der überlieferten Vagantenlieder neben Studenten zu Verfassern Geistliche, Juristen, Lehrer des Lateinischen hatten, im Grunde also die geistige Elite des damaligen Europa. Dies geht schon aus der in den Liedern vielfach aufgehobenen mythologischen und sonstigen Bildung hervor. Nur sollte man nicht vergessen, daß Angehörige der anfangs geschilderten Gruppe auch unter den Verfassern der Lieder zu suchen sind. Die jugendliche Unbefangenheit und Scharfzüngigkeit mancher Gedichte, die Frontstellung gegen die etablierten Mächte paßt kaum zu den würdigen Herren und Professoren. Unter den Sängern befanden sich die verschiedensten sozialen Existenzen und Lebensformen.

Mit Recht mahnt also NAUMANN, man solle Worten wie „Vaganten" entsagen und lieber von weltlichen lateinischen Lyrikern sprechen.[9] Diese Gedichte zeigten eine Herrschaft über die Sprache, die einem zügellosen Geistesproletariat nicht zuzutrauen sei.

c) „Vaganten"-Lyrik

Woher kommt nun diese Dichtung? Diese Lyrik ist eine Fortsetzung der christlichen Hymnendichtung im weltlichen Raum, zum Teil übrigens Voraussetzung für die mittelhochdeutsche Lyrik. Die lateinische Literatur wirkt ja im Mittelalter weiter und findet den ersten Höhepunkt ihrer Beachtung in der Karolingischen Renaissance. Ihr folgt die Renaissance des 11.

---

9 NAUMANN, H.: Gab es eine Vaganten-Dichtung? In: AU 12,4 (1969), 69–105; hier 105.

und 12. Jahrhunderts mit ihrer antikisch-humanistischen Gesinnung. Der christliche Einfluß ist dabei sehr groß.
Warum nun dichtete man? CURTIUS gibt in dem gleichnamigen Exkurs seines Werkes[10] gleich die Antwort: Man lernte es auf der Schule, dichtete dann auch, um sich als Kenner und Könner auszuweisen, selbstverständlich aber auch, um auszusprechen, was einen Verfasser bedrängte oder bedrückte. Diese Dichter beherrschten das Lateinische sehr gut, kannten die Bibel fast auswendig, zitierten aber auch Horaz und Ovid souverän. Gerade die antiken Kunstformen befähigten einen Dichter auch, gefühlsstarke Ausdrücke zu finden, ohne selbst von einem Erlebnis tief getroffen zu sein. Übrigens setzte auch der Genuß dieser Hervorbringungen ein präsentes Wissen in dieser antiken Welt der Vorbilder voraus.

d) Carmina Burana

Die für uns wichtigste Sammlung solcher lateinischer Lyrik des Mittelalters ist der Benediktbeurer Codex, den sich gegen Ende des 13. Jahrhunderts in Oberdeutschland ein Liebhaber anfertigen ließ. Die Sammlung enthält rund 200 Lieder, übrigens nicht nur in Latein, und ordnet nach Sachgruppen (Liebeslieder, Trinklieder, geistliche Spiele). Verfassernamen sind nicht genannt. Wie eine solche Sammlung entstand, schildert Gottfried Keller in seiner Novelle „Hadlaub". Durch die Säkularisation des Jahres 1803 kam die Handschrift, vermutlich aus dem Schrank der *libri prohibiti* des Klosters, als CLat 4660 in den Besitz der Bayerischen Staatsbibliothek. Sie wurde aber erst 1847 von JOH. ANDREAS SCHMELLER herausgegeben. Sie enthält auch unsere beiden Gedichte.

---

10 Vgl. Anm. 6.

Das Latein dieser Liederdichter war ein Gebilde eigener Art. Das Mittelalter wollte eine Literatur hervorbringen, die nicht nur eine Reproduktion antiker Vorbilder war.[11] Besonders in der Versform ging man von dem antiken quantitierenden Vers ab und schrieb akzentuierende Verse, wobei die Wörter nach dem Prosaakzent verwendet wurden. Dies verlieh der Sprache einen neuen, nicht geringen Reiz. Zudem waren die Dichter meistens auch ihre eigenen Komponisten und Sänger, und natürlich wurden manche Lieder nachgesungen, wurden zu einer Art von „Schlagern".[12]

e) Fortuna

Der Benediktbeurer Codex ist auch mit Miniaturen geschmückt. Besonders eindrucksvoll ist die Darstellung des Glücksrades auf dem Titelblatt, sozusagen das bildliche Motto für alles Folgende. Fortuna ist die blinde Macht des Schicksals, die launisch und ungerecht ihre Gaben oder auch ihre Schädigungen verteilt. Letzten Endes liegt der Vorstellung die hellenistische Tyche zugrunde, die absolut unmoralische, unberechenbare launische Göttin, deren Walten die Menschen in den Umwälzungen der Diadochen- und anderer Kriege zu spüren vermeinten.[13] Die antike Tradition der Tyche-Fortuna kam ins Mittelalter besonders durch das Fortuna-Bild in der Consolatio Philosophiae des Boethius (2,1), das übrigens auch in den

---

11 Gute Einführung bei Langosch, K.: Lateinisches Mittelalter. Einleitung in Sprache und Literatur. – Darmstadt 1963.

12 In den beiden hier behandelten Gedichten ist die Interpunktion im Lateinischen so beibehalten, wie sie das Orffsche Textbuch bietet. In der deutschen Fassung ist so interpungiert, wie es etwa sein sollte.

13 Zu Tyche vgl. Hunger, H.: Lexikon der griechischen und römischen Mythologie. – Wien 1953, 346f.

Boethius-Handschriften durch Miniaturen untermalt ist.[14] Im Grunde ist der Glaube an eine „blinde“ Fortuna freilich sehr unchristlich, setzt er doch voraus, daß es in der Lenkung unserer Geschicke weder Sinn noch Gerechtigkeit gibt. Doch wird man daraus nicht gleich Skeptizismus oder völlige Verzweiflung beim Verfasser ableiten wollen, denn solche Ansichten sind auch Sache vorübergehender Stimmungen, und zudem ist wohl keine Weltanschauung ohne Inkonsequenzen. Immerhin liegt ein Anklang an eine Art von humanistischer, nicht theozentrischer Weltsicht vor. Auffallend ist auch, daß in dem Gedicht nur die negative Seite der Fortuna geschildert ist.

6.1.3 *Interpretation des Gedichtes CB 17*

Text und Übersetzung

O Fortuna	O Fortuna
O Fortuna	O Fortuna,
velut Luna	wie der Mond
statu variabilis,	so veränderlich in deinem Zustand
semper crescis	wächst du immer
aut decrescis;	oder nimmst du ab.
vita detestabilis	Verwünschtes Leben!
nunc obdurat	Erst mißhandelt
et tunc curat	und dann wieder verwöhnt es
ludo mentis aciem,	spielend den klaren Geist.
egestatem,	Dürftigkeit,
potestatem	Großmächtigkeit
dissolvit ut glaciem.	Läßt es zergehn wie Eis.

14 Auch die Reihe der Beischriften *regno – regnavi* etc. geht auf die Miniaturen bei Boethius zurück. Das Orffsche Textbuch trägt das Bild auf dem Titelblatt. – Die bei Tacitus, Dialogus 23, erwähnte *rota Fortunae* Ciceros betrifft nur ein billiges Wortspiel, doch ist das Bild vom Glücksrad sonst in Rom häufig gebraucht, ja nachgerade sprichwörtlich. Bekannt ist die Anekdote des gefangenen Königs, der, hinter dem Triumphwagen seines Besiegers einhergehend, beim Anblick des sich drehenden Rades zu lachen beginnt und seinen Gegner, nach dem Grunde befragt, auf den Wandel in allem Menschlichen hinweist.

Sors immanis	Schicksal, schrecklich
et inanis,	und zugleich eitel,
rota tu volubilis,	rollendes Rad du!
status malus,	Deine Beständigkeit ist Tücke,
vana salus	nichtig dein Glück.
semper dissolubilis,	Immer bist du vergänglich.
obumbrata	Verschattet
et velata	und verschleiert
michi quoque niteris;	kämpfst du nun auch gegen mich.
nunc per ludum	Denn ich trage nun durch den Streich
dorsum nudum	deiner Tücke
fero tui sceleris.	den Buckel bloß.
Sors salutis	Das Los des Heiles
et virtutis	und der Tugend
michi nunc contraria;	ist jetzt gegen mich.
est affectus	Willenskraft
et defectus	und Schwachheit
semper in angaria.	sind immer in Bedrängnis.
Hac in hora	Drum zur Stunde
sine mora	ohne Säumen
corde pulsum tangite;	rührt und schlagt die Saiten!
quod per sortem	Daß Fortuna durch das Schicksal
sternit fortem,	den Wackeren dahinstreckt,
mecum omnes plangite!	Beklagt alle mit mir!

Inhalt und Sprachgestalt

a) Fortunas Wirken (Strophe 1)

In v. 1–3 liegt eine stark emotional gefärbte Anrede Fortunas vor, man muß ergänzen: *O Fortuna, ... statu variabilis* [*es*]![15] Der Mond galt häufig als Zeichen der Vergänglichkeit und des Wechsels,[16] und überhaupt scheint es, daß man sich dem Wesen

15 Auch in v. 6 muß es eigentlich heißen: *vita detestabilis est Fortunae opus, Lunae similis et* etc.

16 Nach der Ansicht der mittelalterlichen Astrologen hingen die Stimmungen des Menschen in starkem Maße vom Wechsel des Mondes ab; daher unser deutsches Wort Laune (von *luna*); vgl. DUDEN, Etymologie (bearbeitet von GREBE, P.). – Mannheim 1963, 390. – Das englische lunatic leitet sich ebenfalls von *lunaticus* ab.

des Schicksals und seinem Wirken eher im Bild nähern kann.[17] Bei dem Ausdruck *statu variabilis* ist schwer zu sagen, ob es sich um ein gewolltes Paradoxon handelt („im Stehen veränderlich“) oder ob nur der Beziehungs-Ablativ (wie in *dictu mirabile*) vorliegt; es kann auch beides beabsichtigt sein. *Semper,* das ja etymologisch „in einem fort“ bedeutet, steht betont am Anfang von v. 4 und malt das Unaufhörliche des Wechsels ebenso nach wie der Reim *crescis – decrescis.*[18] Ein solches Leben – denn *vita* ist zumindest der Wirkungsbereich, wenn nicht gar die Wirkungsform Fortunas – ist verwünschenswert, abscheulich, verflucht.[19] *Nunc – et tunc* untermalen – diesmal am Satzanfang – weiter den Wechsel des Glückes. *obdurat* bedeutet etwa, daß das Schicksal die Menschen dadurch, daß es sie hart behandelt, abstumpft und kraftlos macht. Dies geschieht ohne Sinn und Gerechtigkeit; „Spiel“, aber ein Spiel ohne Regeln, ist das Wesen des Schicksals *(ludus).* Launisch hilft es auch wieder den Betroffenen *(curat). mentis acies* (9) bedeutet hier vielleicht die geistige Kraft, „Fassung“ des Geistes, die durch Unglück geschwächt, durch Glück wiederhergestellt wird. Der Reim *egestatem – potestatem* malt die Gleichheit aller vor dem Wirken Fortunas nach, der Vergleich mit dem Schmelzen des Eises, das in der starken Frühlingssonne schmilzt, unterstreicht die Heftigkeit und Stärke von Fortunas Wirken.[20] v. 12 läßt die Strophe ein wenig ausklingen, die sonst straff gebunden ist und durch das formale Zusammenbinden

---

17 Bilder: 2 *luna;* 12 *ut glaciem;* 15 *rota;* 19 *obumbrata* usw.

18 Bei näherem Hinsehen erkennt man, daß das ganze Lied, fast selbst schon Musik, immer wieder reimend das Wirken des Unberechenbaren, Tückischen schildert, um die Schilderung von Fall zu Fall durch Wertungen zu unterbrechen; z. B. *crescis – decrescis: vita detestabilis.* Dann *egestatem – postetatem: dissolvit.* – 13f. *immanis – inanis: rota tu volubilis* usw.

19 *detestari* bedeutet schon im klassischen Latein „unter Anrufung von Zeugen verwünschen“.

20 Man muß eigentlich lesen *dissolvit ut Sol glaciem.* Das Unstete des Schicksals kommt auch durch *dissolubilis* (18) zum Ausdruck.

mancher Gegensätze durch den Reim die Magie des Zwanges verbildlicht, der in Fortunas Wirken liegt. Dieser Vers ‚bindet' hicr die Vorstellungen und Gedanken des Lesers.

b) Fortunas Angriff auf den Dichter (Strophe 2)

In der zweiten Strophe spricht der Dichter Fortuna unter einem neuen Namen an, nennt sie „Los, Schicksal". Das Schicksal ist Fortunas Erscheinungs- und Wirkungsform. Diese ist nun einerseits furchtbar *(immanis)*, andererseits eitel, nichtssagend *(inanis)*, da ihr ja keinerlei Gewicht oder Stetigkeit oder Sinn innewohnt.[21] Das Bild vom Rade des Schicksals wird neu eingeführt, und in der Tat wurde das Schicksalsrad häufig im Mittelalter dargestellt, z. B. im Rundfenster des Domes in Tübingen. Vermutlich bedeutet *status* in v. 16, daß das vermeintliche „Stehenbleiben", Beständigsein des Glückes, in Wahrheit Trug und Unzuverlässigkeit ist;[22] dies wird in der chiastischen Fügung der vv. 16 und 17 noch deutlicher. Dabei bedeutet *salus* (17) keineswegs etwa kirchliches Heil oder Seelenheil, schon gar nicht etwa Rettung, sondern nur den vorübergehenden Zustand flüchtigen Wohlergehens.[23] Da dieser immer (vgl. 4!) vergänglich ist, liegt dem Ganzen die schmerzhafte Erfahrung der Vergänglichkeit alles Irdischen zugrunde.
Nun kommt ein neues Bild: Das Schicksal ist verschattet und verschleiert. Wieder ist so das Unberechenbare, Düster-Tückische des Schicksals vorgeführt. Man erkennt im Dunkeln vorerst gar nicht, gegen wen sich Fortuna nun wenden wird. Doch in v. 21 wird offenbar, daß es gegen den Dichter selbst geht.

21 Auch *sors salutis* in v. 25 ist letztlich kein wirklich hilfreiches Geschehen; es wendet sich ja gegen den Sprechenden.
22 Die Grundbedeutung ist freilich „Zustand", *beatus status* ist ein „Zustand des Glükkes". Hier ist aber anderes gemeint.
23 Das Heil ist auch *semper dissolubilis* (v. 18).

Das Schicksal „stemmt sich“ gegen ihn, arbeitet ihm entgegen.[24] Wenn es dies „auch“ (*quoque,* 21) tut, wird deutlich, daß vorher schon andere das Wirken des Schicksals zu spüren bekamen. „Jetzt“ *(nunc)* in v. 22 macht klar, daß der Dichter „aus gegebenem Anlaß“ zu klagen hat, nun eben ins Unglück geriet.[25] Fortuna treibt ihr Spiel mit ihm,[26] und er hat einen bloßen Rücken. Dies bedeutet, daß er entweder kein Hemd mehr hat, weil er es z. B. verspielt oder versetzt hat, oder er schildert übertragen, daß sein Rücken zur Bestrafung durch Fortuna entblößt ist (dies jedoch weniger wahrscheinlich).

c) Aufruf zur Klage (Strophe 3)

In der dritten Strophe tritt plötzlich ein Wechsel der Anschauung ein: Die Entscheidung über das Schicksal scheint nun doch beim Sprechenden zu liegen, so daß er die Verantwortung nicht mehr (nur) Fortuna zuschieben kann. Das Los des Heiles und der Tugend stehen ihm entgegen, und dies kann nur bedeuten, daß Heil und Tugend nicht mehr in seiner Macht stehen, ihm verlorengegangen sind. Es fehlt ihm eben an *virtus.*[27] Solche Umschläge in der Zuweisung der Schicksalskausalität sind nicht selten; schließlich ist die Frage von Schuld und Schicksal bis heute nicht entschieden. Der Dichter begründet nun auch, weshalb es ihm schlecht geht.[28] Freilich wird seine Ausdrucksweise dabei etwas unklar. *affectus* (28) bedeutet wohl Leidenschaft und (hier) Willenskraft, Kraft der Lenkung seiner selbst,

---

24 *mihil niteris: mihi* ist Dativus incommodi zur Bezeichnung dessen, gegen den sich das Schicksal „anstemmt“.

25 Auch *hac in hora* (31) deutet auf die aktuelle Lage hin, die sein Klagen hervorruft.

26 *Tui sceleris* ist wohl Genitivus subiectivus; das Verbrechen geht von *Fortuna* aus, das sinnlose Spiel ist Folge ihres Verbrechens. Mit *per ludum* erinnert der Dichter an v. 9 *(ludo).* Zu lesen ist: *per ludum tui sceleris fero dorsum nudum.*

27 Hier schwingt bei *salus* sicher ein christlicher Gedanke mit. Übrigens wendet sich der Dichter auch nicht mehr an *Fortuna,* um sie anzuklagen, sondern klagt eher sich an, weil er an seinem Unglück selbst schuld ist.

28 *nunc* in v. 22 entspricht aber durchaus dem *nunc* in v. 27. *hac in hora* in v. 31 gehört in denselben Zusammenhang.

während *defectus* wohl am besten mit Schwachheit übersetzt wird. Beide Haltungen, Stärke wie Schwachheit, sind nicht recht erfolgreich. Man kann versuchen, was man will, immer ist man im Zustand der Beengung, der Bedrängnis.[29] Insgesamt werden die Verse 25–30 aussagen, daß der Dichter der Fortuna diesmal insoferne unterlegen ist, als er nicht die Kraft besitzt, den rechten Weg zu gehen.

Nun merken wir auch erst, daß der Dichter in Gesellschaft ist, wohl in der Schenke sitzt, denn er setzt voraus, daß Leute mit ihm die Leier spielen und ihn beklagen. Es sind also wohl Studenten, eine „Corona", die auch sein Latein versteht. Wir haben es in vv. 31–36 also mit einer gewissen Regie und Dramaturgie zu tun. Weil es dem Dichter schlecht geht („Drum zur Stunde")[30], sollen die Zuhörer die Saiten schlagen.[31] In Wahrheit wird der Sänger sagen wollen, die Hörer sollen mitsingen, in das (gespielte) Lied miteinstimmen (?). Jedenfalls soll ein Klagelied angestimmt werden, und dieses soll einerseits das Schicksal, Fortuna, anklagen, wie es die Überschrift mit ihrem O FORTUNA ja schon tut, und andererseits mag im gemeinsamen Gesang auch ein Trost für den einzelnen und für alle liegen, vielleicht sogar der Versuch, das Unheil in Kunst und Lied zu bannen. Das Lied fordert zu gemeinsamer und damit tröstender Klage auf. Nun ist wieder Fortuna als tätig und als Subjekt zu *sternit* (35) zu denken. Weil (*quod* 34; besser: „daß") Fortuna durch das Geschick, das Los, mit Hilfe des schicksalhaften Geschehens,[32] den wackeren, ehrlichen Kerl, der es doch eigentlich nicht verdient, niederstreckt, deshalb und darüber soll das Klagelied ertönen.

---

29 Lateinisch *angor* bedeutet Beklemmung, Angst, Unruhe. Italienisch heißt *angheria* Bedrückung.

30 Sehr gut die Übersetzung von SCHADEWALDT hierzu (vgl. Anm. 5).

31 *corde pulsum tangite* ist eigentlich *chordas pulsu tangite*. – Hier ist zu erklären, daß *-ae* (und *-oe*) im Mittellatein und später im Italienischen zu *-e* werden, also *dominae* wird *donne, aeternus* wird *eterno* usw.

32 *Sors* ist die Methode, das Mittel, mit dessen Hilfe *Fortuna* wirkt.

d) Eine Nachdichtung

Eine gute Nachdichtung unseres Liedes stammt von Ernst Buschor (Carmina Burana, Lateinisch und deutsch. – o. O. 1958, 21):

O Fortuna!
Schnell wie Luna
Wechselst du dein Angesicht:
Licht Gewonnen,
Licht zerronnen –
Leben, dem der Halt gebricht,
Kennt nur Spielen
Ohne Zielen,
Schlägt und heilt den klaren Sinn,
Not und Plage,
Stolze Tage
Schwinden wie der Schnee dahin.

Glückes Fülle:
Leere Hülle!
Durch die Lüfte rollt dein Rad.
Halt muß schwanken,
Heil erkranken,
Stets in Nebel führt dein Pfad;
Wo es dunkelt,
Licht nicht funkelt,
Hat mich deine Hand gepackt –
O dein Spielen,
Wahllos Zielen
Ließ mich Armen bloß und nackt.

Frohe Werke,
Kraft und Stärke
Sind mir heute ganz versperrt,
Herz will steigen,
Muß sich neigen
Ewig hin und her gezerrt.
Diese Stunde
Gebe Kunde
Mit der Saite schrillem Klang:
Glück bringt alle
Macht zu Falle!
Stimmt in meinen Wehgesang!

6.2 **Estuans interius (CB 191)**

6.2.1 *Didaktischer Rahmen und Lernziele*

Für die bekannte „Vagantenbeichte" lassen sich unschwer wichtige Lernziele benennen: Kennenlernen eines großen mittelalterlichen Kunstwerkes, eines bedeutenden mittellateinischen Textes, eines großen mittelalterlichen Dichters. Hinzu tritt Einblick in das Genos der Parodie und in die Darstellung der inneren Lage und Haltung eines mittelalterlichen Menschen.[33]

6.2.2 *Voraussetzungen zur Interpretation*

a) Der Archipoeta

Der „Erzpoet" ist eine der bekanntesten Gestalten des 12. Jahrhunderts; von ihm sind mindestens 9 Gedichte erhalten, von denen besonders der Kaiserhymnus und die Vagantenbeichte herausragen.[34] Er war vermutlich der Sohn eines Ritters und Ministerialen, Deutscher, geschulter Theologe, besaß auch philosophische Kenntnisse. Er wird seine Lieder wohl auch selbst komponiert haben. Er führte ein unstetes Leben, war in Köln, in Norditalien, in Burgund, auch in Salerno. Den

---

33 Eine nützliche Darstellung und Analyse der Lernziele bei der Lektüre des Archipoeta findet sich bei Krefeld, H.: Die Vagantenbeichte des Archipoeta. In: Krefeld, H. (Hrsg.): Impulse für die lateinische Lektüre. – Frankfurt 1979, 201–222; hier 211 und 218.

34 Leben und Werk des Archipoeta sind dargestellt bei Watenphul, H.,/Krefeld, H.: Die Gedichte des Archipoeta. – Heidelberg 1958, 19f. – Wichtig auch Langosch, K.: Hymnen und Vagantenlieder. Lateinische Lyrik des Mittelalters mit deutschen Versen. – Darmstadt 1954 u. ö., 307. – Jakob Grimm hat die Persönlichkeit des Archipoeta gezeichnet in seinem Vortrag über „Gedichte des Mittelalters auf König Friedrich I. den Staufer". Daß es sicher mehr Gedichte des Archipoeta gab als die erhaltenen, betont Klopsch, P.: Der Archipoeta. In: AU 12,4 (1969), 31–47; hier 32.

Namen „Erzpoet“ (Archipoeta, *vates vatum*) verlieh ihm vielleicht sein Gönner Reinald von Dassel.[35] Die wenigen Gedichte, die uns erhalten sind, erschließen auf engem Raum wirklich einen großen Teil der Welt des Mittelalters, vom Kaiser und den ihn leitenden Ideen bis hinab zur Welt der Fahrenden. Er selbst war wohl kein „Fahrender“ im eigentlichen Wortsinne; seine Kenntnisse ließen sich nur in Bibliotheken erwerben. Der Archipoeta stand auf der Höhe der Bildung seiner Zeit, beherrschte die Sprache der Gebildeten und der Wissenschaft, gewann ihr immer neue Nuancen und Zwischentöne ab und schuf Assoziationen und Bilder von überraschender Anschaulichkeit.[36] Die Liebe war ihm keine Sünde, sondern ein willkommener Naturtrieb; christliche Askese lehnte er ab.[37] Der Archipoeta stand in enger Beziehung zu dem Archicancellarius, dem Erzkanzler Kaiser Barbarossas Reinald von Dassel, der seit 1165 Erzbischof von Köln war. Durch den Kanzler war der Lebensunterhalt des Dichters einigermaßen gesichert; er gewährte ihm Nahrung, Kleider, Geld und Rosse. Die „Beichte“ mag dem Kanzler etwa im Jahre 1163 in Pavia vorgetragen worden sein.[38]

b) Die „Vagantenbeichte“

Etwa im dritten Lebensjahrzehnt[39] schrieb der Archipoeta seine Beichte, von der wir den bei Orff vertonten Teil bespre-

---

35 Ob der Archipoeta ein „Vagant“ war, ist umstritten. Watenphul/Krefeld (vgl. Anm. 34), 25f., betonen, daß sich bei ihm alles findet, was für die weltliche Klerikerdichtung jener Zeit typisch ist, die Mittellosigkeit, das Bitten um Unterstützung, der Preis auf Zechen, Spiel und Liebe; andererseits findet sich in seiner Dichtung nicht e i n Vers, in dem er sich zum „Vagieren als Lebensform“ bekennt; vgl. Naumann, 88f. (vgl. Anm. 10).

36 Klopsch (vgl. Anm. 34), 46.

37 Doch ist es verfehlt, wegen dieses „heißen Dranges nach dem Leben“ gleich an die „starken Menschen der Renaissance“ zu erinnern, wie es geschieht bei v. Winterfeld, P.: Deutsche Dichter des Lateinischen Mittelalters (hrsg. von Reich, H.). – München ^{4}1922, 126.

38 Krefeld (vgl. Anm. 33), 203.

39 Krefeld (vgl. Anm. 33), 215.

chen. Das Gedicht war schon im Mittelalter sehr berühmt. Gegenüber den anderen Liedern, die in zwei oder drei Handschriften überliefert sind, liegen hier 37 vor.[40] Die Verse von Strophe 12 an *(mihi est propositum)* wurden später oft abgelöst und als selbständiges Lied verbreitet. JAKOB GRIMM rühmte das Gedicht als das Vollendetste, was mittellateinische Poesie mit ihren Mitteln überhaupt hervorbringen konnte.[41] Der Dichter tut so, als ob er in der Intimität der Beichte mit sich selbst spräche. In Wahrheit ist die Beichtsituation prostituiert, unter Beibehaltung der kirchlichen Beichtform in Bekenntnis, Reue, Vorsatz zur Besserung, Bußauflage und Absolution, und der Dichter enthüllt in der Form einer Parodierung der echten kirchlichen Beichte seine weltfreudige Lebensauffassung.

c) Die Beichte als Parodie

Im Mittelalter war die Parodie eine beliebte dichterische Gattung.[42] Die Geschichte aller mittelalterlichen Literatur ist eine Geschichte der Verarbeitung und Nachahmung fremden Gutes, und zur Verarbeitung gehört natürlich die Parodie. Dabei unterscheidet man Parodien, die zur Kritik an Zuständen dienen (z. B. auf Klöster), und erheiternde Parodien mit den Themen Liebe, Wirtshaus, Goliardenleben. So gab es Paro-

---

40 Vgl. LANGOSCH, K.: Die Lieder des Archipoeta. – Stuttgart (Reclam) 1965, 77. – Im übrigen ist die Überschrift „Vagantenbeichte" mißverständlich, als wäre das in diesen Strophen Ausgesprochene typisch für einen „Vaganten".

41 BULST (vgl. Anm. 5), 218, zitiert GRIMM. – WATENPHUL/KREFELD (vgl. Anm. 34) verfolgen im Schlußabschnitt ihres Werkes die Verse *meum est propositum* etc. in ihren Abwandlungen, Erweiterungen, Übersetzungen durch die Jahrhunderte bis zu G. A. Bürgers „Sauflied" „Ich will einst bei Ja und Nein vor dem Zapfen sterben" und bis ins Kommersbuch. – SCHUSTER, M. (Altertum und deutsche Kultur. – Wien 1926, 183) spricht von der eigenartig tollen und doch tief packenden Stimmung des Gedichtes; HERTZ (vgl. Anm. 5), 5, nennt es das Genialste, was die weltliche Lyrik des Mittelalters geschaffen habe. – Zum Aufbau des Gesamtgedichtes vgl. LANGOSCH (vgl. Anm. 40), 73f., (eigene Unbeständigkeit, Liebessünde, Spiel-Laster, Liebe zur Schenke, Bitte um Buße).

42 Das Genos ist dargestellt bei LEHMANN, P.: Die Parodie im Mittelalter. – München 1923.

dien der Bibel (z. B. Cena Cypriani), und überhaupt lieferten biblisch-kirchliche Formen auch die Formen für Parodien, so in parodierenden Gebeten, Litaneien, Ordensregeln. Das Beichtgedicht des Archipoeta ist also durchaus keine singuläre Erscheinung. Parodistisch wirkt darin, daß er die Sünden bekennt, sie jedoch zugleich entschuldigt.

Watenphul/Krefeld[43] betonen jedoch mit Recht, daß bei aller Parodie des kirchlichen Sakramentes kein Zweifel an der Rechtgläubigkeit des Dichters erlaubt ist. „Eben weil man fest im Glauben stand, die Autorität der Kirche nicht antastete, konnte man Bibelstellen und Beichtform der Kirche parodieren."[44] Daß parodierende Anspielungen verstanden wurden, war zu erwarten, denn die Bibel klang damals jedem Zuhörer im Ohr. Man darf auch die Idee der freien Weltlichkeit, die in der Beichte dem Ideal der Entsagung gegenübergestellt wird, das „hohe Lied ungebundenen Lebensgenusses"[45], nicht etwa als Vorstufe der Renaissance auffassen. Es war Ausdruck auch eines mittelalterlichen Lebensgefühles, Christliches mit heidnischer, antiker Tradition zu mischen.[46]

d) Zur Vaganten-Strophe

Die Vaganten-Zeile ist eine siebenhebige trochäische Langzeile mit Zäsur nach der vierten Hebung:

méum ést propósitúm in tabérna móri;

vier (meist paarig gereimte) Verszeilen ergeben die sogenannte Vagantenstrophe.[47]

43 Vgl. Anm. 34; hier 27.

44 Krefeld (vgl. Anm. 33), 216.

45 Lehmann (vgl. Anm. 42), 141.

46 Vgl. Watenphul/Krefeld (vgl. Anm. 34), 35.

47 Watenphul/Krefeld (vgl. Anm. 34) geben die Lesarten zu unserem Text, der nicht gerade einheitlich überliefert ist. Wir folgen der Textgestaltung des Orffschen Textbuches, ebenso der Interpunktion. In der deutschen Übersetzung wird so interpungiert, wie es passend erscheint.

6.2.3 *Interpretation des Gedichts*

Text und Übersetzung

Estuans interius

Estuans interius
ira vehementi
in amaritudine
loquor mee menti:
factus de materia,
cinis elementi
similis sum folio,
de quo ludunt venti.

Cum sit enim proprium
viro sapienti
supra petram ponere
sedem fundamenti,
stultus ego comparor
fluvio labenti
sub eodem tramite
nunquam permanenti.

Feror ego veluti
sine nauta navis,
ut per vias aeris
vaga fertur avis;
non me tenent vincula,
non me tenet clavis,
quero mihi similes,
et adiungor pravis.

Mihi cordis gravitas
res videtur gravis;
iocus est amabilis
dulciorque favis;
quicquid Venus imperat,
labor est suavis,
que nunquam in cordibus
habitat ignavis.

Im Innern glühend

Im Innern glühend
von heftigem Ingrimm
spreche ich in Bitterkeit
zu meinem Herzen:
geschaffen aus dem Stoff
des Erdenstaubes
bin ich dem Blatte gleich,
mit dem die Winde ihr Spiel treiben.

Während es nämlich Art
des weisen Mannes ist,
das Fundament seines Wohnsitzes
auf einem Felsen zu gründen,
gleiche ich Tor
dem dahinströmenden Fluß,
der niemals im
gleichen Bette bleibt.

Ich treibe dahin
gleich dem Schiff ohne Steuermann,
wie auf luftigen Wegen
schweigend der Vogel fliegt;
nicht halten mich Fesseln,
nicht hält mich ein Riegel.
Ich suche meinesgleichen
und geselle mich den Sündern zu.

Mir erscheint des Herzens Ernst
ein schweres Ding;
Scherz dagegen ist lieblich
und süßer als Honig.
Alles, was Frau Venus gebietet,
ist süße Mühe.
Niemals nämlich wohnt Liebe
in feigen Herzen.

Via lata gradior
more iuventutis,
inplicor et vitiis
immemor virtutis,
voluptatis avidus
magis quam salutis,
mortuus in anima
curam gero cutis.

Auf der breiten Straße fahre ich
nach Art der Jugend
und verstricke mich in Lastern,
frage nichts nach Tugend,
bin begierig nach Sinnenlust
mehr als nach dem Seelenheil
und will, an der Seele tot,
lieber meine Haut pflegen.

Inhalt und Sprachgestalt

a) Selbstanklage

In den drei ersten Strophen scheint der Dichter sich wirklich selbst anzuklagen. v. 1 enthüllt die heftige innere Bewegung, übrigens auch die Fähigkeit zur Selbstbeobachtung. Heftiger Ingrimm hat den Dichter erfaßt; *ira* bedeutet hier einmal den Zorn über sich selbst, doch ist auch Zorn über die Einrichtung des Lebens selbst, die Form menschlicher Existenz, mitgemeint. Das kann durchaus ernst gemeint sein, doch schlägt der Ernst sogleich in dreiste Parodie um: Der „Beichtende" schlüpft in die Rolle des klagenen Hiob (10,1), der – wie er – „in der Bitterkeit seiner Seele" spricht. Zudem spricht er zu sich selbst und nicht zum zuhörenden Priester. v. 5 und 8 jedoch scheinen mit ihrer fast philosophischen Darstellung einer *conditio humana* wieder ernst gemeint. Zumindest bilden sie eine Entschuldigung des Dichters und eine Begründung für seinen Zorn (v. 2): Er ist aus Staub gebildet.[48] Wenn er sich dann noch mit einem im Winde fliegenden Blatt vergleicht, wieder übrigens nach Hiob (13,25), ist damit sein Gefühl der Unsicherheit des eigenen Willens deutlich gemacht; er kann sich selbst nicht führen und lenken, doch liegt der Grund dafür eben in der menschlichen Existenz und ihrer Gebrechlichkeit.

---

48 Wenn im Text *cinis* gehalten werden soll, muß das Komma nach *materia* entfernt werden. Dann heißt es *materia cinis elementi,* etwa: „geschaffen aus dem Baustoff, der aus dem Element Asche (= Staub, Erde) besteht". LAISTNER (vgl. Anm. 5) übersetzt treffend: „Locker wie vom Staube". Man denkt an „Staub zu Staube". Die Lesart *vilis* ist viel weniger bildhaft und treffend (statt *cinis*).

b) Der Weise und der törichte Sünder

Strophe zwei begründet weiterhin die Flatterhaftigkeit des Sprechers; daher *enim* (v. 9). Er stellt sich nun einem weisen Mann gegenüber.[49] Dieser ist durch Festigkeit und Ortsruhe gekennzeichnet (v. 9–12), während der Dichter bewegt, unruhig und sozusagen ohne Kompaß ist (v. 13–20). Der Weise baut sein Haus auf Felsen,[50] und auch hier ist wieder auf eine Stelle im Neuen Testament angespielt (Matthäus 7,24), wo es heißt: „Wer diese meine Rede höret und tut sie, den vergleiche ich mit einem klugen Manne, der sein Haus auf einen Felsen gegründet." Hier allerdings liegt keinerlei Parodie vor. – Sich selbst vergleicht der Bekennende mit einem Toren, doch ist hier nicht der eigentliche Narr gemeint, der falsch urteilt und existentiell verfehlt handelt, sondern „im Sinn der kirchlichen *confessio*" der törichte Sünder.[51] *comparor* (v. 13) ist nicht als Passiv zu fassen; es bedeutet einfach „ich gleiche, bin vergleichbar". Nachdem sich der Dichter erst mit einem Blatt im Winde verglichen hat (7), stellt er sich nun dem Fluß gleich, der immer wieder sein Bett verändert.[52] Unstetigkeit bezeichnet sein Wesen.

c) Unstetigkeit und Freiheit

Die mehrfach gebrauchten Bilder der Bewegung setzen sich nun fort. Betont am Versanfang stellt sich der Dichter als Dahinfahrenden, besser wohl: Dahintreibenden (*feror* 17) dar

---

49 Das *cum* ist ein adversatives *cum,* „während".

50 *Sedem fundamenti* ist *fundamentum sedis; sedes* ist hier fast „Existenz." Vielleicht ist auch an Petrus zu denken; „Auf diesem Felsen will ich meine Kirche bauen" (Matth. 16,18). Dies tritt vielleicht zu der gleich zu erwähnenden Bibelstelle hinzu. – Der „Sitz", Stuhl, ist volkskundlich von hoher Bedeutung für Macht und Herrschaft; vgl. „der Heilige Stuhl".

51 So Krefeld (vgl. Anm. 33), 213.

52 *labenti – permanenti:* Die Endung *-e* des Ablativs des Partizips ist zugunsten des Reimes verändert. – *trames* von *trans-meare; sub tramite:* der Fluß liegt tiefer als die Wege auf der Erde; er irrt also unter der auf dem oberen Niveau gedachten geraden Weg-Linie unstet umher.

in dem Bild eines Schiffes ohne Steuermann. Auch hier liegen antike und biblische Vorbilder zugrunde.[53] Ein weiterer Vergleich ist von derselben Bibelstelle für das Bild vom fliegenden Vogel genommen.

Nun jedoch geschieht etwas Überraschendes: Wenn der Dichter sich bis zum v. 20 in Form einer Beichte anklagte, wird nun aus der Beichte ein eher stolzes Bekenntnis zum eigenen Wesen. Die Parodie zerstört sich selbst, indem sie ihrerseits zur ernst gemeinten Aussage wird. Der Punkt des Umschwunges liegt am Ende von v. 20; das Bild des frei fliegenden Vogels erinnert nicht mehr an Unbeständigkeit, sondern an innere und äußere Freiheit. Der Sprung von der echten oder vorgegebenen Verzweiflung zu Stolz und Selbstbewußtsein kommt äußerlich in der hier zum ersten Mal auftretenden Anapher (*non* 21.22) zum Ausdruck: Weder Fesseln noch Riegel vermögen ihn zu halten.[54] Dabei ist der Dichter zwar frei wie ein Vogel, doch bewegt er sich eher am Rande der bürgerlichen oder gesellschaftlichen Existenz. Hier sucht er sich Gefährten, die ihm gleichen, indem er sich an das antike und mittelalterliche Sprichwort hält, daß ein ähnlicher einen ähnlichen suche. Er treibt die Sache sogar noch weiter und bekennt freiweg, er geselle sich zu den Sündern, womit er sich, wie gesagt, zwar nicht gesellschaftlich ausgrenzt, aber doch vom Durchschnittsbürger stark abhebt.

---

53 Ovid, Amores 2,4,8 *auferor ut rapida concita puppis aqua* und Sap. 5,10 *tamquam navis, quae pertransit fluctuantem aquam aut tamquam avis, quae transvolat in aere.* Bemerkenswert ist, daß die Bibelstelle sich auf die Vergänglichkeit der Welt bezieht, während der Archipoeta sie für die Darstellung seiner unsteten Art verwendet. – Das Gegenbild zu sich selbst malt der Archipoeta im Charakter des Kanzlers Reinald (IV 1f.): *Archicancellarie ... cuius cor non agitur levitatis ventis aut morem transgreditur viri sapientis.* Der Archipoeta zitiert sich – wie Horaz – gelegentlich selbst.

54 Der Dichter wird wohl nicht meinen, man könne ihn nicht einsperren; gemeint ist wohl nur, keine Fessel könne seine Freiheit beeinträchtigen (also übertragen gemeint).

d) Scherz und Liebe

Nun führt der neue Bekenner aus, wofür er sich in Wahrheit entschieden hat. Mit einem Wortspiel *(gravitas gravis)* erklärt er den Ernst, die Schwere des Herzens für beschwerlich.[55] Er zieht den Scherz vor, der hier nicht nur „Witz, Scherz" bedeutet, sondern „witziges, geistvolles, ungebundenes Leben".[56] Solcher Scherz ist das Signum der Freiheit, wie ja in der Tat der Witz die Gesetze vorübergehend aufhebt. Im übrigen könnte der Scherz bereits das „Liebesscherzen" bedeuten, erotisches Spiel. Dieses ist „zuckersüß", wie wir sagen würden. In Antike und Mittelalter ersetzt der Honig den Zucker.

Nicht ohne Grund ist nun im Anschluß an den Scherz die Venus genannt, ist sie doch sozusagen der Hauptquell des süßen Lebens.[57] Was Venus befiehlt – und daß der Dichter gehorchen muß, ist durch den Zusammenhang klar –, erscheint ihm als süße Mühe. Das Wort „Arbeit" *(labor)* ist dabei entwertet, in der Weise etwa, wie Ovid den Liebesdienst als Ersatzdienst für den Kriegsdienst ansieht: *militat omnis amans.* Venus wohnt nicht in feigen Herzen.[58] Der Archipoeta denkt wirklich an Feigheit, denn es gilt ja Liebesabenteuer zu bestehen, Streifen, Passen, Einsteigen, vielleicht sogar Kämpfe gegen die Hüter der Umworbenen. Zu solchem Mute bekennt sich der Dichter.

55 Dabei wird vielleicht wieder ein Psalm zitiert, 4,3 *gravi corde.* – Für das folgende wird auf Psalm 19,1 verwiesen *et dulciora super* (als) *mel et favum* und auf Matth. 11,30 *iugum enim meum est suave.*

56 Im Versanfang *iocus* (v. 27) steckt ein Asyndeton adversativum: „Scherz hingegen", im Gegenteil zum asketischen Ernst.

57 Es müßte im Text eigentlich *quicquid enim* heißen. – Ich habe „Frau Venus" übersetzt, um dem Namen das antike Flair zu nehmen.

58 *quae* leitet einen kausalen Relativsatz ein: Weil die Liebe nicht in feigen Herzen wohnt, sind ihre Befehle süße Mühe für deren Empfänger.

e) Auf der breiten Straße

Wiederum bekennt der Dichter provokativ, daß er – entgegen der Forderung der Bergpredigt – auf der breiten Straße fährt, die zur Verdammnis führt.[59] Freilich kann er eine Entschuldigung anführen: Er ist noch jung, und Jugend hat keine Tugend. Ob er sich damit einen Rückzug im späteren Alter offenhält, ist schwer zu sagen. Immerhin scheint er durch das Passiv *implicor* („es verstrickt mich“) anzudeuten, daß die Schuld nicht allein bei ihm liegt, wenn er dem Laster erliegt und die Tugend vergißt. Doch steigert er die Provokation noch, indem er erklärt, er kümmere sich mehr um Lust als um sein (Seelen-) Heil. Mancher Prälat mag das mit Schaudern gehört haben, wenn er auch eine gewisse dichterische Freiheit zugestand. Und „tot an der Seele“ bedeutet wiederum, nimmt man es in vollem Ernst, daß der Dichter derzeit sich keineswegs im Zustand der heiligmachenden Gnade befindet. Dieser christlich-kirchlichen Formel vom Seelentod wird dann als Schlußtrumpf ein heidnisches Zitat gegenübergestellt: der an der Seele Tote läßt es sich gut gehen, er pflegt seine Haut wie das junge Hofgesindel des Alkinoos, dem es für rühmlich galt, bis in den hellen Tag hinein zu schlafen und mit Leierklang den säumenden Schlaf herbeizuziehen.[60] Mag man noch so sehr zugeben, daß es sich hier mehr um ein ‚Zitat‘ als um ernstes Bekennen dreht, wird man doch die plakative Gegenüberstellung christlicher und heidnischer Lebensform nicht unterschätzen.

---

59 *via lata:* Matth. 7,31.

60 Nach Horaz, Epistel I 2,29 *in cute curanda.* Man erwartet nur noch, daß der Dichter sich als *Epicuri de grege porcum* bezeichnet. – Auch hier zitiert der Archipoeta sich selbst mit einem Gegenbild; vgl. 9,15 *non est eius* (des Kaisers) *animus in curanda cute.*

Inhalt